ポリ袋で簡単！
もみもみ発酵レシピ

萩野恭子

池田書店

発酵食生活は「調味料」と「ポリ袋」ではじめましょう

幼少期、私は祖母の作るしょうゆやみそ、ぬか漬けを食べて育ちました。
祖母は、いつものことをしているだけという態度で何気なく作っていて、
それが私の日常でもありました。
今でも忘れられない思い出は、夏にラジオ体操から帰ったあと、
ぬか床から古漬けのきゅうり、なすを出し、しょうがとともに刻み、
お茶漬けにして食べていたことです。
ずいぶん大人びた嗜好だったなと我ながら笑ってしまいます。

そんな環境で育ったので、
「簡単そう、私もやってみようかな」と思ったのが、
発酵食品を手作りするきっかけだったように思います。
今では、私の家には、手作りしたたくさんの発酵食品や
発酵調味料の容器が所狭しと並んでいます。

世界の食文化に興味があり、現地の様子を自分の目で見たくて、
いろいろな国を訪ねてきた私ですが、
世界のどこの国でも発酵文化はありました。
食材を新鮮な状態で食べられるのはほんの一瞬ですから、
保存のために発酵という手法が生まれるのは当然のことなのでしょう。

30年以上前、姉の赴任先のタイを訪ねたときのことです。
地元の人たちが屋台で買って持ち帰るお惣菜、そして汁麺までもが、
なんとポリ袋に入っているではありませんか！
これには衝撃を受けましたが、
一方で「このやり方いいわね」と感銘を受けました。
帰国後、ポリ袋を自分の料理生活にも取り入れてみたところ、
使い勝手がよく、コンパクトになり、これはとても便利なものでした。
それ以来、ポリ袋を調理に使うようになり、今に至ります。

いわば私の料理に欠かせない二大要素「発酵食品」と「ポリ袋」。
この2つをかけ合わせたのがこの本です。
しかも、発酵食品は、生活になじみやすいように
発酵調味料から取り入れようというコンセプト。
発酵食品が気にはなっているけれど尻込みしていた人でも
きっと、気負うことなく挑戦できるのではないかしら。
発酵食生活の扉は案外軽いものですよ。

荻野恭子

目次

PART 1 発酵調味料×ポリ袋の まいにちおかずレシピ

肉のおかず

粉もの・ごはん

おやつ

PART 2

ポリ袋を使って

発酵調味料を作りましょう

PART 3

発酵野菜調味料×ポリ袋の

もっと楽しむ発酵レシピ

発酵玉ねぎのおかず

発酵トマトのおかず

発酵レモンのおかず

発酵唐辛子のおかず

発酵にんにくのおかず

この本の使い方

- この本のレシピで使っている発酵調味料（塩麹、甘酒、しょうゆ麹、みそ）はP106〜113で紹介している手作りのものです。市販品とは塩分が異なる場合もあるので、市販品を使うときには味をみながら調整してください。
- 漬ける時間は目安です。発酵調味料は漬ける時間により味が変化するので、表示の時間を参考に、好みで調整してください。時間表記のないものはすぐに使えます。
- 大さじ1＝15㎖、小さじ1＝5㎖、1カップ＝200㎖です。
- 電子レンジは500Wのものを使っています。600Wの場合は、加熱時間を0.8倍にしてください。ただし、機種によって違いがあるので、様子をみながら調節してください。
- ポリ袋は、P24の「ポリ袋の選び方・使い方・注意点」を読んでから使ってください。
- 油は米油を使っていますが、好みの植物油でかまいません。オリーブ油はエキストラバージンオリーブ油を使っています。
- 野菜はよく洗い、基本的には皮はむかずに使用しています。気になる場合はむいてください。
- 保存期間は目安です。保存の状態や条件により、長短が生じる場合があります。

ポイント 1

発酵調味料を使います

だから、ゆるらくに続けられる！

いつも使っているものを3つ変えるだけ

発酵調味料というと「めんどう」「難しそう」と思うかもしれませんが、普段よく使う調味料のうち、たった3つを置き換えるだけ。私たちに身近な調味料はもともと発酵という過程を経て作られているものが多く、それはそのまま使えるからです。さらに、うまみとコクをアップさせる酒粕を加えて風味の幅を広げました。

塩 ▼ **塩麹**に	砂糖 ▼ **甘酒**に	しょうゆ ▼ **しょうゆ麹**に	みそ ▼ **このままでOK**	＋	**酒粕**で 風味をプラス！

いつものあれも発酵調味料！
和食に欠かせないしょうゆ、酢、みりん、酒。実は、これらも発酵調味料です。だから、しょうゆはそのまま使ってもいいのですが、この本では米麹と混ぜたしょうゆ麹に置き換えて、パワーアップさせました。

発酵食品ではなくて、調味料だから取り入れやすい！

納豆、キムチ、ヨーグルトなども発酵の過程を経て作られる食べものなので、これらを使うのもひとつの方法です。けれど、食材だと料理が限られますし、毎日使うのも難しいでしょう。その点、調味料ならいつもの生活を大きく変えずに取り入れられて、継続もしやすいです。

作っても買ってもいいからチャレンジしやすい！

この本で置き換える発酵調味料は塩麹、甘酒、しょうゆ麹ですが、これらはどれも市販されています。だから、発酵食生活がちょっと気になっている人でも気軽にはじめられます。「作ってもよし、買ってもよし」のゆるゆるルールでOKです。

発酵調味料の作り方 ➡ P106〜113
市販品の選び方 ➡ P114〜116

この本で使う発酵調味料

塩麹

塩と米麹、水を混ぜて発酵させたもの。塩の代わりに使います。塩のようなストレートな塩けではなく、ほんのり甘みがあってまろやかな塩み。発酵によってうまみとコクも生み出され、味に奥行きがあります。

甘酒

ごはんと米麹、水を混ぜて発酵させたもの。砂糖の代わりに使います。おだやかな甘みは麹の酵素が米のでんぷんを糖化することで生まれるのもので、砂糖を使っているわけではありません。塩麹と同様に、うまみとコクもあります。

しょうゆ麹

しょうゆと米麹を混ぜて発酵させたもの。しょうゆの代わりに使います。しょうゆ自体も大豆、小麦、塩を発酵・熟成させて作られる発酵調味料ですが、そこに米麹を加えることでほのかな甘みがプラスされ、まろやかな味わいになります。

みそ

つぶした大豆に麹と塩を混ぜて発酵させたもの。使う麹の種類により、できあがりが異なります。米麹を使うと米みそ、麦麹を使うと麦みそ、豆麹を使うと豆みそになります。この本では一般的な米みそを使っています。

酒粕

発酵を経て作られる日本酒をしぼったあとのしぼりかす。日本酒の副産物で、アルコール分が8%ほど含まれます。アミノ酸が豊富に含まれていて、料理に使うとうまみとコクが増し、風味もつきます。

発酵調味料のいいところ 調理編

うまみがアップ

麹の酵素・プロテアーゼによってたんぱく質が分解されると、うまみ成分のグルタミン酸のほか、さまざまなアミノ酸が増えます。これによりうまみが底上げされ、おいしく感じます。

やわらかくなる

発酵調味料に含まれる麹の酵素・プロテアーゼが肉や魚などのたんぱく質を分解することにより、肉質がやわらかくなります。

漬けておくだけでおいしくなる

麹の酵素が、たんぱく質をうまみ成分のアミノ酸に分解したり、でんぷんを分解してやさしい甘みを作り出したりするため、放っておくだけで勝手においしさがアップします。

単品でも味に深みが出る

発酵調味料を口にすると、しょっぱい、甘いなどのひとつの味では表現できない深みのある味を感じます。これはつまり、ひとつでいくつもの味を作り出せるということ。だから、調味料の数を減らせます。

だしなしでOK

発酵調味料自体にうまみが含まれますし、素材のうまみも加わるので、だしを使わなくても十分なおいしさに仕上がります。

保存がきく

発酵調味料に漬けると生のままよりも保存性が高まります。肉なら冷蔵庫で3～4日、ひき肉や魚介なら2～3日、野菜なら1週間ほど保存できます。これ以上の保存は冷凍庫がおすすめです（保存は2週間くらい）。朝に冷蔵庫へ移しておけば、夕食に使えます。

味がまろやか

発酵調味料は、塩み、甘み、うまみなど、いろいろな味が混在しています。ですから、仕上がりの料理は、どの味も突出せず、まろやかで調和の取れた味になります。

素材の色が生きる

塩麹を使うと、素材の色を生かして料理を美しく仕上げることができます。色はつけたくないけれど塩だと塩けがダイレクトで嫌だなというときに、とても重宝します。

まずは
ここから
スタート

発酵調味料の魅力を体感しましょう

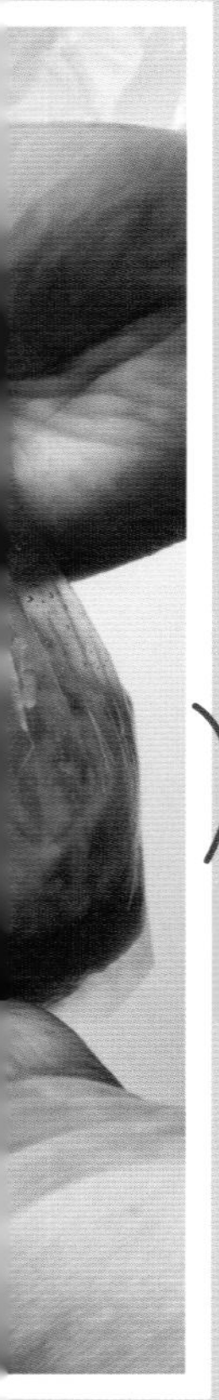

用意するのは これだけ！

ここでは鶏むね肉を使いましたが、**肉の種類や部位は好みのものを用意してください。鮭などの魚介でもOKです。**

塩麹を入れて

塩麹の量は食材100gに対して10%が基本。たとえば、ここでは鶏むね肉300gなので、塩麹は大さじ2（30g）使います。塩麹大さじ1＝約15gです。

たったこれだけでおいしい！

P12～15で紹介した「やわらかくて、うまみがあって、味がまろやかで、塩麴だけなのに深みのある味」を感じるでしょう。漬けておくだけなのに、こんなにおいしくなることが実感できるはずです。

ゆでるなど自由に調理！

漬けたものは、ゆでる、焼く、炒める、煮る、蒸す、揚げるなど、どんな調理法にも使えます。ここでは沸騰した湯に入れて12分ゆで、そのまま冷ましました。

もみもみ

この本ではポリ袋を使うので、手が汚れず、保存も楽。「ポリ袋のいいところ」は、P22～23で紹介しています。

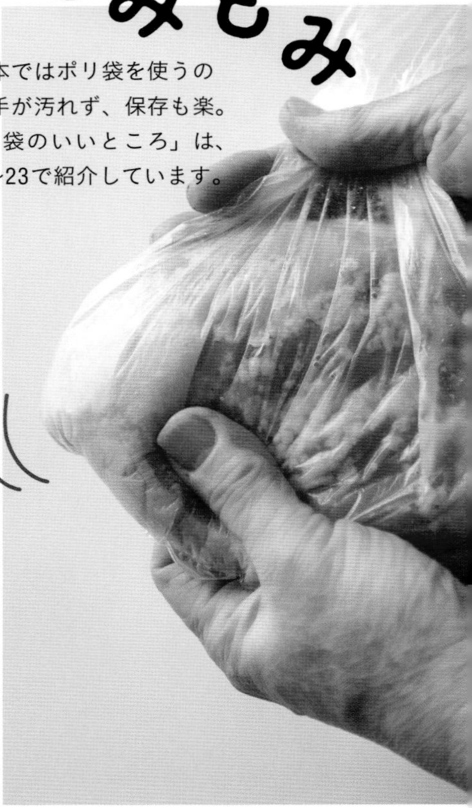

しばらく漬けて

冷蔵庫で一晩漬けます。この状態で3～4日保存ができます。

発酵調味料のいいところ 健康編

腸内環境がととのう

最大の魅力はこれ！

ととのうと

免疫力が高まる

私たちの体を外敵から守る免疫細胞は、その6～7割が腸に存在しているといわれています。そのため、腸内環境が良好だと免疫細胞も活性化するので、免疫力が高まると考えられています。

アンチエイジング

腸内の細菌は60歳を過ぎたころから善玉菌が減りはじめ、悪玉菌が増えはじめます。悪玉菌は有害な物質を作る細菌なので、増殖により体のさまざまな不調が引き起こされます。腸内環境を良好に保って善玉菌を優位にしておけば、腸年齢の若返りが期待できます。

腸には、健康に役立つ善玉菌、増えすぎると体に悪影響を及ぼす悪玉菌、状況により善悪が変わる日和見菌《ひよりみ》がすんでいて、そのバランスは2：1：7が理想的といわれています。発酵調味料などの発酵食品には、麹菌、乳酸菌、酵母などの微生物が含まれていて、これらが腸によい影響を及ぼし、腸の働きが活発になり、有害なものを体外に排出させ、腸内環境がととのいます。

腸内環境が

便秘が改善

便秘は悪玉菌が増えて活性化することが一因なので、腸内環境がととのえば、便秘の改善が期待できます。便秘の解消は、ダイエット効果や、美肌効果にもつながります。

美肌効果

腸内環境の乱れにより悪玉菌が増えると有害物質が生成され、それが肌に蓄積することで肌荒れが引き起こされます。腸内環境がよい状態になれば、この悪さが抑えられます。

心が安定する

腸には腸管神経という神経細胞が存在し、脳とつながっていて、脳からの情報は腸にも届き、腸からの情報も脳に届いています。また、幸せホルモンといわれるセロトニンの9割が腸管で作られています。そのため、腸の健康は心の安定につながります。

発酵調味料 × ポリ袋 ＝ ゆるらく発酵ごはん

ポイント 2

ポリ袋を使って作ります

だから、ゆるらくに続けられる！

手が汚れない

ポリ袋に入れたら、袋の上からもんでなじませるので、手が汚れません。手が汚れないと次の作業もスムーズです。粉が飛び散ったり、勢いよく混ぜすぎて飛び出したりする心配もなく、作業台も汚れません。

洗いものが減る

ボウルやバットを使わずにポリ袋の中で調味するので洗いものが少なくて済み、使い終わったらゴミ箱へ。調理後のシンクにたまった洗いものの山が何より嫌という人は少なくないでしょう。そんなゆううつが減らせます。

保存に便利

ポリ袋の口をしばって冷蔵庫に入れるだけだから、保存が簡単。省スペースで保存できるのも魅力です。重ねることもできますし、形状も冷蔵庫の空きスペースに合わせて変えられ、冷凍したいときは平らにするのもお手のもの。透明だから、何が入っているかもすぐにわかります。

いつもの流れと比べると

いつも

ボウルに入れる ▶ 調味料を入れて手で混ぜる ▶ 手を洗う ▶ 保存容器に菜箸で移す ▶ 冷蔵庫へ ▶ ボウルと菜箸を洗う ▶ 保存容器を洗う

ポリ袋調理

ポリ袋に入れる ▶ 調味料を入れて袋の上からもむ ▶▶▶▶▶▶▶▶▶▶ 冷蔵庫へ

ポリ袋のいいところ

もみ込みやすい

ポリ袋は、触感のごわつきがない材質なので袋の上からもみやすく、袋の口を握れば材料が飛び出す心配もありません。手の汚れを気にすることなく、しっかりもんで味をなじませることができます。

圧縮できる

袋の口をしばる前に両手で押して中の空気をしっかり抜くので、圧縮状態になります。だから、重しをしなくてもよく、早く漬かります。

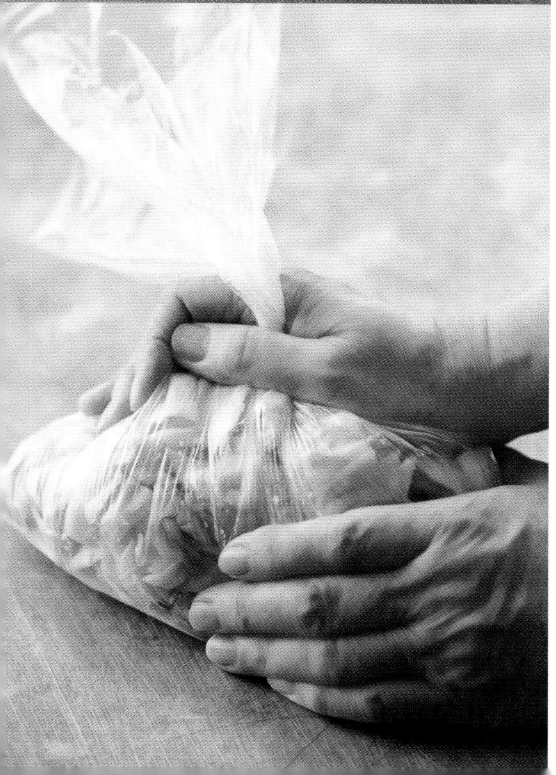

混ぜやすい

粉をまぶしたり、混ぜ合わせたりするときにポリ袋は大活躍。少し空気を入れて袋の口を握ってフリフリすると、粉がまんべんなくつき、複数の粉類もムラなく混ざります。透明なので中の混ざり具合がわかるのも利点です。

調味料が少なくて済む

ポリ袋なら「調味料が手や道具にくっついて、ほとんどなくなった」なんてことがありません。圧縮できて形が変幻自在なので調味料がいきわたりやすく、最低限の調味料で済みます。「保存容器の底だけに調味料がたまっていた」なんて心配もありません。

ポリ袋の選び方・使い方・注意点

選び方

耐冷・耐熱温度

耐冷温度はたいていのものが－30℃なので冷凍には向きますが、加熱調理には適さないものもあるので注意。加熱調理には耐熱温度が必ず100℃以上で、「湯せんや電子レンジ調理に使える」と記載のあるものを。

厚み

加熱調理や冷凍保存をするのなら、厚みより耐冷・耐熱温度を優先しますが、こうした使い方をしないのならば、両手でピン！と張ったときに伸びにくく、丈夫で破けにくいものがおすすめです。

素材

プラスチックの一種である「ポリエチレン」や「ポリプロピレン」が原料のものを選びましょう。

大きさ

この本では横25cm×縦35cmのものを使っています。できれば、もうひとサイズ小さいものもあると、量が少ないときに扱いやすいです。

アイラップ
岩谷マテリアル株式会社

おすすめ理由
・電子レンジOK
・そのまま熱湯に入れられる
・そのまま冷凍OK

この本のおすすめはこれ！

使い方

もむ場合

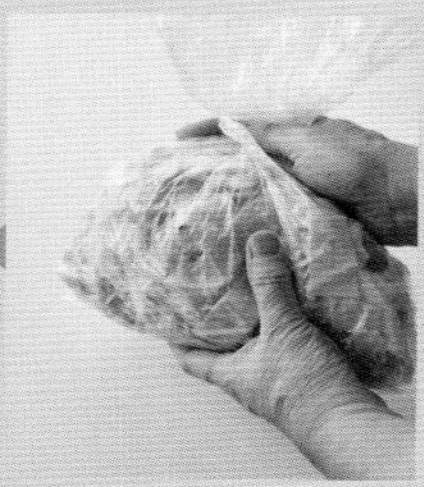

ポリ袋に食材を入れ、袋の口を握り、袋の上からもむ。

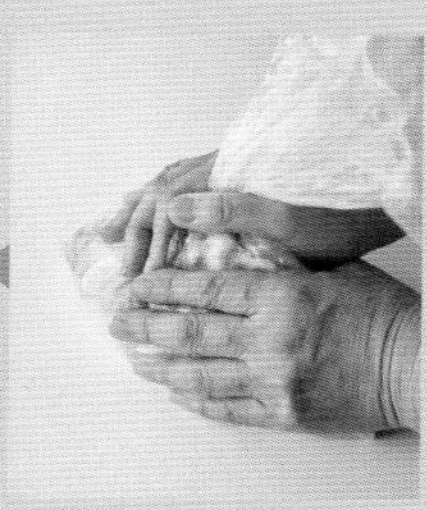

両手で押さえて空気を抜く。

袋の口をねじり、結ぶ。

まぶす場合

空気を少し入れ、袋の口を握り、袋の底を押さえながらふる。

注意点

- パッケージの注意書きをよく読み、記載の方法を守ってください。
- 電子レンジに使う場合は、破裂を防ぐために袋の口は結ばない、油分の多い食べものには使用しないなど、とくに注意しましょう。

PART 1

発酵調味料×ポリ袋の まいにち おかずレシピ

塩麹、甘酒、しょうゆ麹、みそ、酒粕のいずれかを使ったおかずを、
肉や魚、野菜などの食材ごとに分けて紹介します。
発酵調味料のよさを生かした、
まいにちのおかず作りに役立つものばかりで、
しかも全部ポリ袋を使っているので、
発酵食生活がぐっと身近になります。
ごはんと粉もの、おやつのページもあります。

肉のおかず

しょうゆ麹

豚のカレーから揚げ

外はカリッ、中はしょうゆ麹の作用でスッと噛み切れるやわらかさ。ふわっと香るカレーのスパイシーさが、食欲をそそります。

材料（2人分）

豚肩ロース薄切り肉 … 200g
A しょうゆ麹 … 大さじ1½
　カレー粉 … 小さじ1
　水 … 大さじ1
薄力粉、片栗粉 … 各大さじ1½
揚げ油 … 適量
キャベツ … 2枚 ► せん切り
レモン … ¼個 ► くし形切り

作り方

1 ポリ袋に豚肉、Aを入れてもみ込む。

2 1に薄力粉と片栗粉を加え、袋をふってまぶす。

ポリ袋は粉をまぶすときにも便利です。空気を入れて口をとじ、フリフリしましょう。

3 フライパンに揚げ油を入れて170℃に熱し、2をひと口大に握って入れ、カリッと揚げる。

4 器に盛り、キャベツとレモンを添える。

鶏肉のクリーム煮 塩麹

鶏肉に塩麹をからめておけば、こんなクリーム煮にも展開できます。

材料（2人分）

鶏むね肉 … 200g
　► ひと口大に切る
塩麹 … 大さじ3
こしょう … 少々
じゃがいも … 1個
　► 1.5cm幅に切る
にんじん … ¼本 ► 半月切り
水 … 1½カップ
牛乳 … 1カップ
バター、薄力粉 … 各大さじ1
　► 練り混ぜる
パセリ … 適量

作り方

1 ポリ袋に鶏肉、塩麹、こしょうを入れてもみ込む。

もみもみ

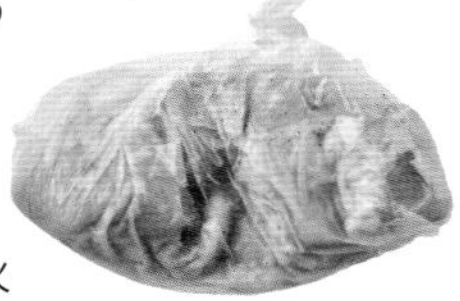

2 鍋に1、分量の水を入れて中火にかけ、煮立ったらじゃがいも、にんじんを加えて10分ほど煮る。

3 牛乳を加え、練り混ぜたバターと薄力粉を加えて5分ほど煮る。器に盛り、パセリを飾る。

牛乳は分離しやすいので、ポリ袋には入れずにあとから加えます。

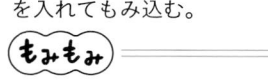

鶏肉のトマト煮 しょうゆ麹

しょうゆ麹とトマトの相性が抜群！ うまみたっぷりの仕上がりです。

材料（2人分）

鶏もも肉 … 200g
　► ひと口大に切る
A
　しょうゆ麹 … 大さじ2
　にんにく … 1かけ ► 薄切り
　赤唐辛子 … 1本 ► 小口切り
オリーブ油 … 大さじ2
トマトの水煮（缶詰・カットタイプ）
　… 1カップ
しめじ … ½袋 ► 小房に分ける
ピーマン … 1個
　► 8等分のくし形切り

作り方

1 ポリ袋に鶏肉、Aを入れてもみ込む。

もみもみ

2 フライパンにオリーブ油を熱し、1、トマトの水煮を入れて10分ほど弱めの中火で煮る。しめじ、ピーマンを加えて5分ほど煮る。

しょうゆ麹のうまみに鶏肉やトマトのエキスも加わるので、よりおいしくなりますよ。

しょうゆ麹

プルコギ

味つけはしょうゆ麹だけなのに、いくつも調味料を使ったような奥深さ。好みの野菜を添え、巻いて食べてください。

材料（2人分）

牛もも薄切り肉 … 200g
► 3等分に切る

A
- にんにく、しょうが … 各1片 ► すりおろす
- しょうゆ麹 … 大さじ3
- ごま油 … 大さじ1
- 粗びき唐辛子 … 小さじ½

玉ねぎ … ¼個 ► 薄切り
にんじん … ⅛本 ► 細切り
にら … 3本 ► 4cm長さに切る
白いりごま … 小さじ½
サンチュ、青じそ … 各適量

作り方

1 ポリ袋に牛肉、Aを入れてもみ込む。

もみもみ

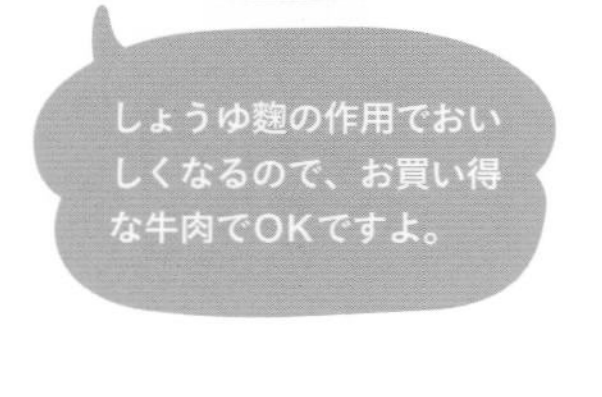

2 フライパンを中火で熱し、1、玉ねぎ、にんじんを入れ、野菜がしんなりするまで炒める。にらを加えてさっと炒める。

しょうゆ麹の作用でおいしくなるので、お買い得な牛肉でOKですよ。

3 器に盛ってごまをふり、サンチュと青じそを添える。

ポトフ

（塩麹）

肉はやわらかく、スープはうまみたっぷりで、塩麹の魅力が詰まった一品。食べるときに、好みでマスタードを添えて召し上がれ。

材料（2人分）

豚肩ロース厚切り肉（とんかつ用）
　… 200g ▶ 4等分に切る
塩麹 … 大さじ4
キャベツ … ⅙個 ▶ 半分にくし形切り
にんじん … ¼本 ▶ 四つ割り
玉ねぎ … ½個 ▶ くし形切り
じゃがいも … 1個 ▶ 半分に切る
水 … 2½カップ
ローリエ … 1枚
こしょう … 適量
粒マスタード … 適量

作り方

1 ポリ袋に豚肉、塩麹を入れてもみ込む。

もみもみ ⟹

1時間漬けよう！

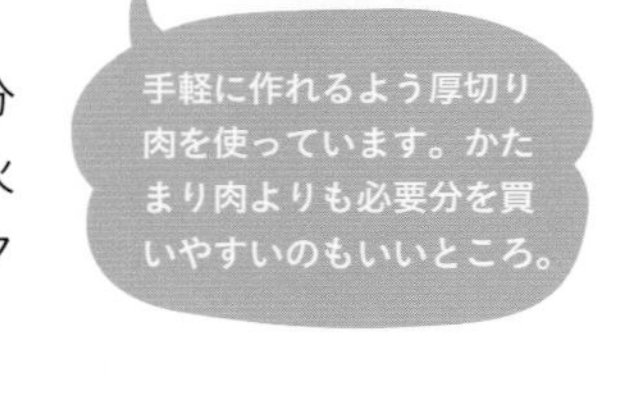

2 鍋に1、分量の水、ローリエ、こしょうを入れ、中火で15分煮る。野菜を加え、弱めの中火でさらに15分煮る。粒マスタードを添える。

手軽に作れるよう厚切り肉を使っています。かたまり肉よりも必要分を買いやすいのもいいところ。

PART1　まいにちおかずレシピ｜肉のおかず

ささみの酒粕挟み焼き

塩麹　酒粕

酒粕の風味と青じその清涼感がよく合います。酒粕好きにはたまらない一品。

材料（2人分）

鶏ささみ … 4本
► 観音開きにする
塩麹 … 大さじ2
酒粕（板粕）… 60g
► 4等分の長方形に切る
青じそ … 4枚
油 … 大さじ1
エリンギ … 1本
► 四つ割りにし、長さを半分に切る
アスパラガス … 2本
► 4㎝長さに切る

作り方

1 ポリ袋にささみ、塩麹を入れてもみ込む。

もみもみ

2 ささみ1本を広げ、中央に青じそ1枚、酒粕1切れをのせ、左右をたたんで包む。残りも同様にする。

3 フライパンに油を中火で熱して2、エリンギ、アスパラガスを焼く。

4 ささみを半分に切って器に盛り、エリンギとアスパラガスを添えて塩麹適量（分量外）をかける。

ささみに青じそと酒粕をのせ、左右をかぶせます。ちょうど元の形に戻すような感じです。

豚汁

みそ　酒粕

みそと酒粕のダブル使い。酒粕を入れるといつもの味にコクが加わります。

材料（2人分）

豚バラ薄切り肉 … 100g
　► 4cm長さに切る
みそ … 大さじ2
酒粕 … 大さじ1½
大根 … 50g ► 短冊切り
にんじん … 20g ► 短冊切り
長ねぎ … ¼本
　► 2cm長さのぶつ切り
水 … 2½カップ
長ねぎ（青い部分）… 少々
　► 小口切り
七味唐辛子 … 適量

作り方

1 ポリ袋にみそ、酒粕を入れてもみ混ぜ、豚肉を加えてもみ込む。

もみもみ

30分
漬けよう！

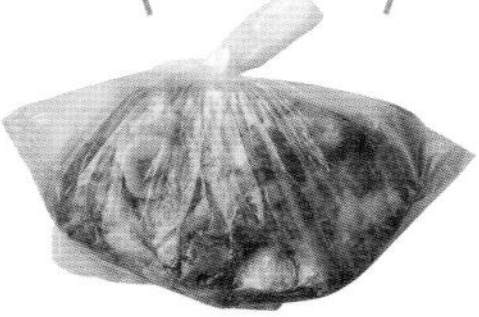

2 鍋に1、分量の水、大根、にんじん、長ねぎを入れ、中火で15分ほど煮る。

3 器に盛り、長ねぎの青い部分をのせ、七味唐辛子をふる。

麹を使っているので、それだけでうまみがあります。だから、今回は具をシンプルにしました。

しょうゆ麹

甘酒

肉だんごの甘酢あんかけ

甘酢あんを発酵調味料だけで組み立てた画期的なレシピです。肉だんごの下味にもしょうゆ麹を使い、フル活用しました。

材料（2人分）

豚ひき肉 … 200g
しょうゆ麹 … 大さじ½
こしょう … 少々
玉ねぎ … ¼個 ►くし形切り
スナップえんどう … 6個 ►筋を取る
甘酢あん ►混ぜる
　甘酒 … 大さじ2
　しょうゆ麹 … 大さじ1½
　酢 … 大さじ1
揚げ油 … 適量

作り方

1 ポリ袋にひき肉、しょうゆ麹、こしょうを入れてもみ込む。

もみもみ

15分
漬けよう！

2 1を10等分にして丸める。

3 フライパンに揚げ油を入れて170℃に熱し、玉ねぎ、スナップえんどうをさっと揚げて取り出す。2を入れ、転がしながら揚げ色がつくまで揚げる。

4 3のフライパンの油をあけ、甘酢あんを入れて中火で煮立て、3を加えてからめる。

甘酒としょうゆ麹のとろみがあるので、水溶き片栗粉はいりません。ひとつ手間が省けますよ。

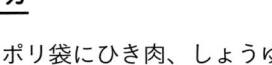

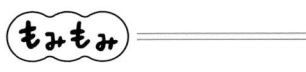

みそ

ロールキャベツ

肉だねにも煮汁にもみそを入れ、コク出しの隠し味に使います。みそとトマトのうまみで、コンソメなしでも十分の仕上がりです。

材料（2人分）

合いびき肉 … 100g

A
- 玉ねぎ … $\frac{1}{8}$個 ▶みじん切り
- パセリ（みじん切り）… 大さじ2
- みそ … 大さじ$\frac{1}{2}$

キャベツ … 4枚

トマトの水煮（缶詰・カットタイプ）… $\frac{1}{2}$カップ

みそ … 大さじ$1\frac{1}{2}$

こしょう … 少々

パセリ … 適量 ▶みじん切り

作り方

1 ポリ袋にひき肉、Aを入れ、もみ込む。

もみもみ

15分 漬けよう！

2 鍋に湯を沸かし、キャベツを1分ゆでる。

キャベツのゆで汁は煮るときの汁に使うので取っておきましょう。

3 キャベツ1枚を広げ、1の$\frac{1}{4}$量をのせて包む。残りも同様にする。

4 キャベツのゆで汁2カップ、トマトの水煮、みそ、こしょう、3、を入れ、弱めの中火で20分煮る。器に盛り、パセリを散らす。

ラムチョップのグリル

しょうゆ麹

骨からほろりと取れるやわらかさ。しょうゆ麹との味のまとまりもばっちり。

材料（2人分）

ラムチョップ … 4本

A
- しょうゆ麹 … 大さじ2
- クミンシード、粗びき唐辛子 … 各小さじ¼
- オリーブ油 … 大さじ1

パプリカ（赤）… ½個
► 縦4等分に切る

かぼちゃ … ⅛個
► 7㎜幅のくし形切り

作り方

1 ポリ袋にラムチョップ、A を入れてもみ込む。

もみもみ

1時間漬けよう！

2 グリルに1を並べ、パプリカ、かぼちゃも並べる。弱火にかけ、両面を7分ほど焼く。

しょうゆ麹が焦げやすいので弱火で。片面焼きのグリルなら3分くらいしたら返しましょう。

ハヤシライス

しょうゆ麹

ポリ袋にポンポン入れて漬けておけば、あとは煮るだけで本格的なひと皿に。

材料（2人分）

牛もも薄切り肉 … 200g

A
- 玉ねぎ … ¼個 ►薄切り
- マッシュルーム … 4個 ►薄切り
- トマトの水煮（缶詰・カットタイプ） … 1カップ
- しょうゆ麹 … 大さじ3
- 赤ワイン … ½カップ
- ローリエ … 1枚
- こしょう … 少々

バター … 大さじ1

パセリごはん
- ごはん … 300g
- パセリ（みじん切り） … 大さじ2

作り方

1 ポリ袋に牛肉、Aを入れ、もみ込む。

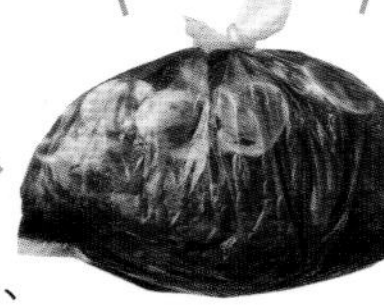

2 フライパンにバターを熱し、1を入れ、混ぜながら弱めの中火で15分ほど煮る。

3 ごはんにパセリを混ぜて器に盛り、2をかける。

玉ねぎとマッシュルームもいっしょに入れるとエキスが出ておいしくなります。

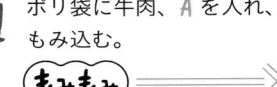

魚介のおかず

塩麹

鯛のアクアパッツァ

調味料が塩麹だけとは思えない深みのある味に驚くはず。
あさりのだしも加わって、うまみたっぷりの仕上がりです。

材料（2人分）

鯛（切り身）…2切れ
ミニトマト…4個 ►半分に切る
ピーマン…1個 ►6等分に切る
にんにく…1片 ►薄切り
バジル…2枚
塩麹…大さじ2
白ワイン…1/4カップ
水…3/4カップ
オリーブ油…大さじ2
あさり（砂抜きしたもの）…200g

作り方

1 ポリ袋にあさり以外の材料をすべて入れてなじませる。

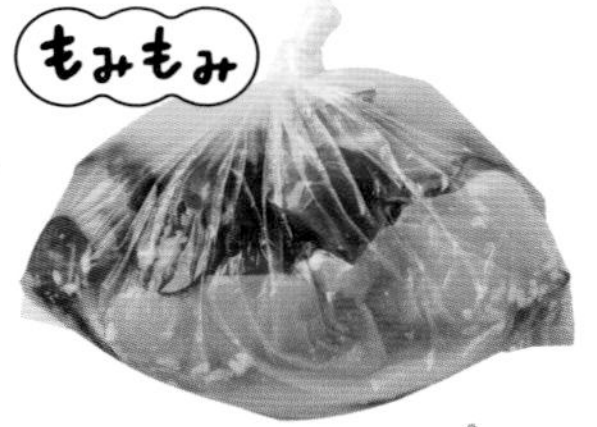

野菜もいっしょに漬けてエキスを加えます。うまみが出ているから加熱時間が短くて済み、魚介の身もかたくなりません。

2 フライパンに1、あさりを入れ、ふたをして中火で10分煮る。

鮭の利休焼き

みそ　甘酒

鮭はふっくらやわらか。ごまの香ばしさがよく合います。

材料（2人分）

生鮭（切り身）…2切れ
みそ…大さじ1
甘酒…大さじ½
黒いりごま…大さじ3
ごぼう…½本
　▶ささがき
薄力粉、片栗粉
　…各大さじ½
油…大さじ3

作り方

1 ポリ袋にみそ、甘酒を入れてもみ混ぜ、鮭を加えてもみ込む。

もみもみ

2 1にごまをつける。

3 別のポリ袋にごぼう、薄力粉、片栗粉を入れ、袋をふって粉をまぶす。

4 フライパンに油を中火で熱し、3を揚げ焼きにし、取り出す。2を並べ入れ、両面を焼く。器に鮭を盛り、ごぼうを添える。

1時間漬けよう！

汁気はつけたままでOK。そのほうがごまがつきやすいです。

さばのしょうゆ麹焼き

しょうゆ麹

しょうゆ麹に漬けて焼くだけ！　塩焼きとはひと味違う風味があります。

材料（2人分）

さば（切り身）…2切れ
　►切り目を斜めに2本入れる
しょうゆ麹…大さじ1½
かぶ…1個 ►くし形切り
油…少々

作り方

1 ポリ袋にさば、しょうゆ麹を入れてもみ込む。

もみもみ

1時間漬けよう！

2 グリルに1を並べ、かぶは油をからめて並べる。弱火で両面を10分ほど焼く。

焦げやすいので気をつけて。焦げすぎるならアルミ箔をかぶせましょう。フライパンに並べてふたをしても焼けますよ。

塩麹

たらのグラタン

塩麹はうまみアップとコクづけに、牛乳はたらの臭み取りに役立ちます。麹の甘みをほんのり感じるやさしい味の仕上がりです。

材料（2人分）

生だら（切り身）… 2切れ

A
- 玉ねぎ … ¼個 ► 薄切り
- マッシュルーム … 4個 ► 薄切り
- 塩麹 … 大さじ2
- 牛乳 … 1カップ

バター、薄力粉 … 各大さじ1
► 練り混ぜる

ピザ用チーズ … 20g

作り方

1 ポリ袋にたら、Aを入れてなじませる。

もみもみ

15分
漬けよう！

2 鍋に1を入れて中火にかけ、ひと煮立ちさせる。練り混ぜたバターと薄力粉を加え、5分ほど煮る。

薄力粉1：バター1の「ブールマニエ」でとろみをつけます。簡単で失敗なしの方法ですよ！

3 グラタン皿に入れ、チーズを散らす。230℃のオーブンで15分焼く。

しょうゆ麹

甘酒

あじのレンジ蒸し 甘酢野菜のっけ

しょうゆ麹に漬けたあじは、
電子レンジで加熱してもふんわり。
甘酢漬けの野菜もポリ袋で作るから、
片づけも楽々です!

材料（2人分）

あじ（三枚おろし）… 2尾分

しょうゆ麹 … 大さじ1

玉ねぎ … ¼個 ▶ 薄切り

ピーマン … 1個 ▶ 横に細切り

赤唐辛子 … 1本 ▶ 小口切り

甘酒、酢 … 各大さじ2

作り方

1 ポリ袋にあじ、しょうゆ麹を入れてもみ込む。

もみもみ ⟹

1時間
漬けよう!

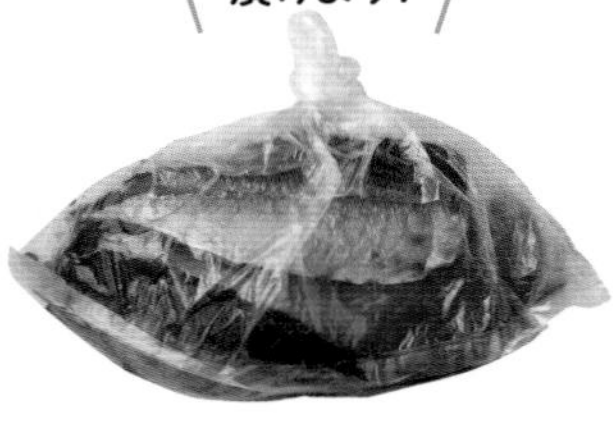

2 別のポリ袋に玉ねぎ、ピーマン、赤唐辛子、甘酒、酢を入れてもみ混ぜる。

3 耐熱皿に1を平らに広げ、電子レンジで3分加熱する。

4 器に3を盛り、2をのせる。

あじは重ならないように広げてください。まとめて加熱するとくっついてしまいます。

PART1 まいにちおかずレシピ─魚介のおかず

かつおの塩麹たたき

塩麹

塩麹に漬けることで身がぷりっとし、濃縮されたおいしさに。

材料（2人分）

かつおのたたき（刺身用）
…200g ►1cm幅のそぎ切り
塩麹…大さじ2
青じそ…5枚 ►せん切り
みょうが…2個
►縦半分に切って斜め薄切り
セロリ…½本 ►斜め薄切り
にんにく…1片 ►薄切り

作り方

1 ポリ袋にかつお、塩麹を入れてもみ込む。

もみもみ

2 青じそ、みょうが、セロリは混ぜて器に盛る。1をのせ、にんにくを添える。

味がついているので、薬味といっしょにそのまま召し上がれ。

いかと長ねぎのバター炒め

しょうゆ麹

いかのワタを使ったようなコクとうまみを感じる仕上がりです。

材料（2人分）

するめいか … 1杯
長ねぎ … 1本
▶斜め薄切り
しょうゆ麹 … 大さじ1
バター … 大さじ2
粗びき唐辛子 … 少々

作り方

1 いかは胴と足に分け、内臓を取り除く。胴は1cm幅の輪切りにし、足は2本ずつに切り分ける。

2 ポリ袋に1、長ねぎ、しょうゆ麹を入れ、もみ込む。

もみもみ

15分
漬けよう！

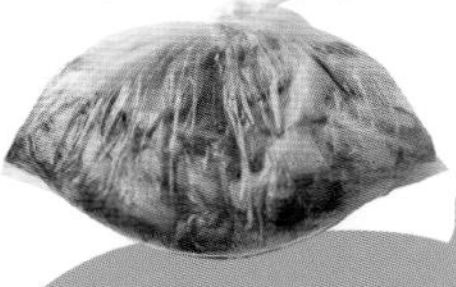

3 フライパンにバターを中火で熱し、2を入れて火が通るまで炒める。器に盛り、粗びき唐辛子をふる。

いかは発酵調味料に漬けるのにおすすめの食材です。とってもやわらかくなりますよ。長ねぎもいっしょに漬けて風味をつけましょう。

塩麹　甘酒

えびチリソース

えびの下味とチリソースの両方に発酵調味料を使います。
チリソースには豆板醤を使っていませんが、驚くほど本格的な味です。

材料（2人分）

えび（大きめのもの）… 8尾
　► 殻をむき、背わたを取る
塩麹 … 大さじ1
にんにく、しょうが … 各½片
　► みじん切り
チリソース ► 混ぜる
　ミニトマト … 4個 ► 半分に切る
　塩麹 … 大さじ1
　甘酒 … 大さじ2
　酢 … 大さじ1
　粗びき唐辛子 … 小さじ1
長ねぎ … 4cm ► みじん切り
片栗粉、水 … 各小さじ1 ► 混ぜる
油 … 大さじ3

作り方

1 ポリ袋にえび、塩麹を入れてもみ込む。

もみもみ

15分
漬けよう！

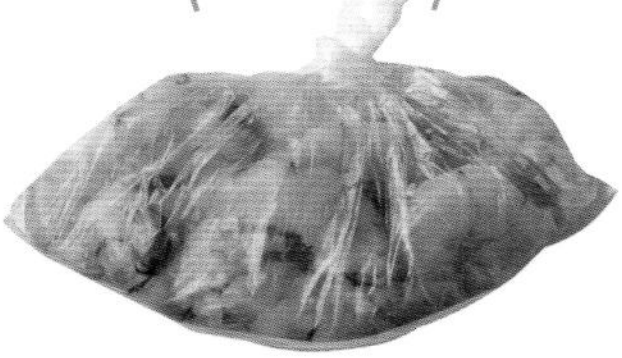

2 フライパンに油大さじ2を中火で熱し、1を入れて色が変わるまで炒める。にんにく、しょうがを加えて香りが立つまで炒め、チリソースを加えてからめる。

3 長ねぎを加え、水溶き片栗粉を回し入れてとろみをつける。油大さじ1を回しかける。

チリソースに入れるミニトマトはケチャップの代わり。フレッシュ感と果実みが加わって、いい具合に調和していますよ。

ぶりの粕汁

みそ　酒粕

みそと酒粕のバランスが絶妙。コクがあってマイルドな仕上がりです。

材料（2人分）

ぶり（切り身）…2切れ
► ひと口大に切る

A
- みそ…大さじ3
- 酒粕…大さじ3
- 水…大さじ2

大根…50g ► いちょう切り
にんじん…30g ► いちょう切り
さといも…2個
► 1cm幅の輪切り
長ねぎ…10cm
► 1cm長さのぶつ切り
水…2½カップ

作り方

1 ポリ袋にAを入れてもみ混ぜ、ぶりを加えてもみ込む。

もみもみ

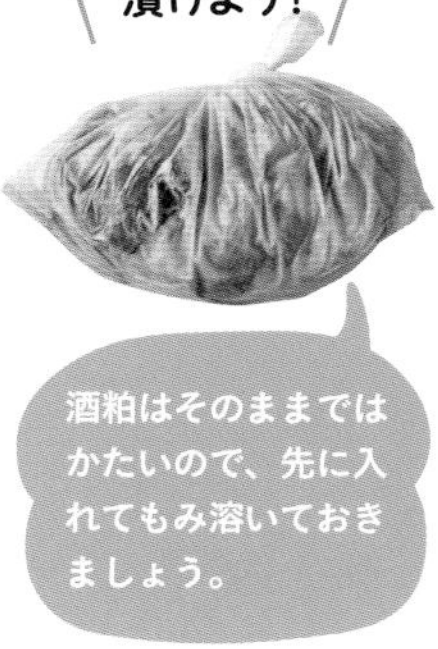

2 鍋に分量の水、大根、にんじん、さといもを入れ、弱めの中火で5分煮る。

3 1、長ねぎを加え、野菜がやわらかくなるまで7〜8分煮る。

酒粕はそのままではかたいので、先に入れてもみ溶いておきましょう。

ほたてのパン粉焼き 塩麹

ほたての甘みに塩麹のうまみがよく合います。パン粉で食感のアクセントを。

材料（2人分）

ほたて貝柱 … 8個
塩麹 … 大さじ1
こしょう … 少々
A
- パン粉 … 大さじ3
- パセリ（みじん切り） … 大さじ3
- にんにく … 1片 ►みじん切り

バター … 大さじ1
ズッキーニ … ½本 ►1cm幅の輪切り

作り方

1 ポリ袋にほたて、塩麹、こしょうを入れてもみ込む。

もみもみ

2 1にAを加えて混ぜる。

3 フライパンにバターを弱火の中火で熱し、2をパン粉を軽くはらって入れ、ズッキーニを並べ入れ、両面を焼いて器に盛る。

4 3のフライパンに、ポリ袋に残ったパン粉を入れてカリッとするまで中火で炒め、ほたてにかける。

ポリ袋に残っているパン粉も余さず使います。香ばしく炒めるとおいしいですよ。

発酵調味料の組み合わせで味のバリエーションが広がります

単品でも深みのある発酵調味料ですが、味を重ねるとより風味やコクが増し、複雑な味が作れます。合わせる分量は比率で覚えておくと便利です。

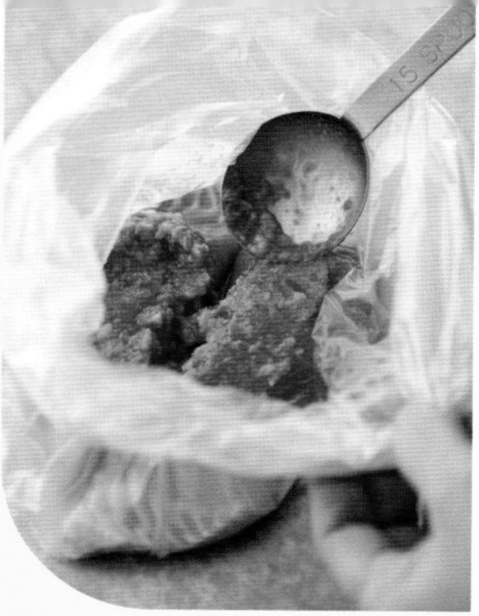

漬け床編

漬ける食材は豚肉、鶏肉、牛肉、魚、刺身、ゆで卵、野菜など、どんなものでもOKなので好きなものを漬けてみてください。使う量は、食材全体にいきわたるくらいを目安に。

麹の甘みが際立った甘めの味

塩麹2 ： 甘酒1

コクとうまみを感じる甘辛い味

しょうゆ麹4 ： 甘酒1

甘みそを発酵調味料だけで再現！

甘酒2 ： みそ1

ほのかな甘みに酒粕の風味がふわり

塩麹2 ： 酒粕1

まろやかで風味のあるみそ床

みそ2 ： 酒粕1

つけだれ、かけだれ編

サラダや温野菜のドレッシングにしたり、ゆでた肉や魚、豆腐にかけたり。発酵調味料と油でコクを出し、酸味のあるもので味を締め、風味のある食材を少し足すのがコツです。

フレンチドレッシング風で万能！

塩麹1 ： オリーブ油1 ： 酢1 ＋ にんにく（すりおろし）適量

麹の甘みにレモンの酸味がよく合う！

塩麹1 ： ヨーグルト1 ＋ レモン汁適量

えび風味のしょうゆドレッシング

しょうゆ麹1 ： ごま油1 ＋ 干しえび（粗みじん切り）適量

ナンプラーの塩みが甘酒でマイルドに

甘酒1 ： ナンプラー1 ＋ バジル適量

麹の甘さを酢で引き締め、カレー粉で香りづけ

塩麹1 ： 酢1 ＋ カレー粉適量

ピリッと辛さをきかせたコクのあるみそだれ

みそ1 ： ごま油2 ＋ 粗びき唐辛子適量

卵のおかず

卵焼き

塩麹

甘酒

ほのかな塩みとやさしい甘みで、ふんわり、しっとりの仕上がり。
あれこれ入れずとも、たった2つで卵のおいしさが際立ちます。

材料（2人分）

卵 … 4個
塩麹 … 大さじ1
甘酒 … 大さじ2
油 … 大さじ2
大根おろし、しょうゆ … 各適量

作り方

1 ポリ袋に卵を割り入れ、塩麹、甘酒を加えてもみ混ぜる。

2 フライパンに油を中火で熱し、1を流し入れて混ぜ、スクランブルエッグ状になったら奥から手前に3回転して巻く。

3 あら熱がとれたら2～3cm幅に切って器に盛り、大根おろし、しょうゆを添える。

フライパンで作る場合は、卵液は数回に分けるのではなく、一気に入れたほうがうまくいきますよ。

しょうゆ麹

卵とトマトの炒めもの

しょうゆ麹だけで塩みと甘みがつくから、味つけが楽。ポリ袋にすべて入れてもんだら、あとはふんわり、とろりと炒めるだけです。

材料（2人分）

卵…3個

A
- トマト…1個 ►ひと口大に切る
- しょうゆ麹…大さじ1½
- こしょう…少々

油…大さじ2

パクチー…適量 ►ざく切り

作り方

1 ポリ袋に卵を割り入れ、Aを加えてもみ混ぜる。

もみもみ

2 フライパンに油を強火で熱し、1を流し入れ、半熟状になるまで炒める。

3 器に盛り、パクチーをのせる。

卵炒めをふわっとさせるには多めの油で、強火で炒めること。弱火では卵がかたくなってしまいます。

親子煮

しょうゆ麹　甘酒

人気の甘辛い味つけを発酵調味料で再現。ごはんによく合います。

材料（2人分）

卵…2個

A
- 鶏もも肉…120g ►ひと口大のそぎ切り
- 玉ねぎ…¼個 ►薄切り
- しょうゆ麹…大さじ2
- 甘酒…大さじ1

水…½カップ

細ねぎ…適量 ►小口切り

作り方

1 ポリ袋に卵を割り入れ、Aを加えてもみ混ぜる。

もみもみ

2 鍋に分量の水、1を入れて中火にかけ、煮立ったら弱めの中火で7分ほど煮る。細ねぎをのせる。

15分 漬けよう！

発酵調味料にうまみがあるので、だし汁ではなく水でOKです。

卵とにらのスープ　塩麹

ひき肉の下味がそのままスープの味つけに。おかずになる食べごたえです。

材料（2人分）

卵 … 2個
鶏ひき肉 … 50g
塩麹 … 大さじ2
こしょう … 少々
にら … 5本
　► 1cm長さに切る
水 … 1カップ
ごま油 … 大さじ1

作り方

1 ポリ袋にひき肉、塩麹、こしょうを入れてもみ込み、卵を割り入れてもみ混ぜる。

もみもみ

2 鍋に分量の水、1を入れて中火にかけ、煮立ったら弱火にして5分ほど煮る。にらを加えて混ぜ、さっと煮る。

3 器に盛り、ごま油をたらす。

15分
漬けよう！
ひき肉に下味をつけたいので、卵を入れる前に先にもみもみします。

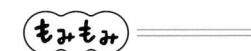

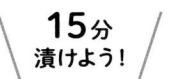

豆腐のおかず

塩麹 みそ

麻婆豆腐

発酵調味料を使うと、中国料理の味つけがぐっとシンプルに。うまみとコクのある塩味ベースの味で、辛さが食欲をそそります。

材料（2人分）

木綿豆腐 … 1丁（350g）
►1.5㎝角に切る
豚ひき肉 … 100g
A
にんにく、しょうが … 各1片
►みじん切り
塩麹 … 大さじ1
みそ … 大さじ2
粗びき唐辛子 … 大さじ½
油 … 大さじ2
水 … 1カップ
長ねぎ … 10㎝ ►みじん切り
片栗粉、水 … 各大さじ1 ►混ぜる
ごま油 … 大さじ1
花椒《ホワジャオ》 … 適量

作り方

1 ポリ袋にひき肉、Aを入れてもみ込む。

2 フライパンに油を熱し、1を中火で炒める。肉の色が変わったら分量の水を加え、煮立てる。

3 豆腐を加え、くずさないようにそっと混ぜながら煮る。

4 長ねぎを加え、水溶き片栗粉を回し入れてとろみをつける。ごま油を回しかけて器に盛り、花椒をふる。

本来は豆腐は中華鍋の湯の中で温めておきますが、ここではその手間を省きました。ですから、ここで豆腐が温まるまで煮ましょう。

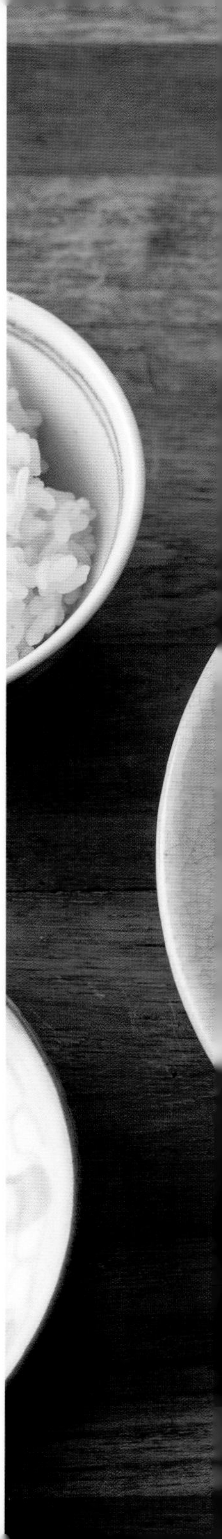

しょうゆ麹

甘酒

肉豆腐

甘さ控えめの味つけだから、豆腐の味が際立ちます。
しょうゆ麹と甘酒に漬けた豚肉はやわらかく、麹の作用を実感できます。

材料（2人分）

絹ごし豆腐 … 1丁（350g）
► 半分に切る

豚肩ロース薄切り肉 … 200g
► 3等分に切る

A
しょうゆ麹 … 大さじ3
甘酒 … 大さじ2

水 … 1½カップ

長ねぎ … 1本 ► 1cm幅の斜め切り

七味唐辛子 … 適量

作り方

1 ポリ袋に豚肉、Aを入れてもみ込む。

もみもみ

15分
漬けよう！

2 鍋に1、分量の水を入れて中火にかけ、煮立ったら豆腐、長ねぎを加え、7〜8分煮る。器に盛り、七味唐辛子をふる。

豆腐はあえて大きいまま使いました。器の中でくずしながら召し上がれ。

豆腐ステーキ

しょうゆ麹

香ばしく焼いた豆腐に、コクのあるしょうゆ麹がぴったり。

材料（2人分）

木綿豆腐 … 1丁（350g）
しょうゆ麹 … 大さじ2
油 … 大さじ2
大根おろし … 大さじ2
細ねぎ … 1本 ► 小口切り

作り方

1. 豆腐はペーパータオルで包み、しばらくおいてしっかり水きりする。食べやすい大きさに切る。
2. ポリ袋に1、しょうゆ麹を入れてからめる。

もみもみ

3. フライパンに油を中火で熱し、2をしょうゆ麹を軽く取り除いて入れ、両面をこんがり焼く。
4. 器に盛り、大根おろしをのせ、細ねぎを散らす。ポリ袋に残ったしょうゆ麹をかける。

沖縄の島豆腐が手に入れば、ぜひそれを使って。味が濃くておいしく、水きりも不要です。

いり豆腐

しょうゆ麹 甘酒

濃いめの味つけでごはんに合います。たっぷりかけて召し上がれ。

材料（2人分）

木綿豆腐…1丁（350g）
►ペーパータオルで水気をとる

A
- にんじん…20g ►粗みじん切り
- きくらげ（乾燥）…3g ►水で戻して粗みじん切り
- しょうゆ麹…大さじ2
- 甘酒…大さじ1
- ごま油…大さじ1

ごま油…大さじ1
卵…1個 ►溶く
長ねぎ…10cm ►小口切り

作り方

1 ポリ袋に豆腐、Aを入れてもみ混ぜる。

もみもみ

2 フライパンにごま油を熱し、1を弱火で油が回るまで炒める。卵、長ねぎを加え、卵に火が通るまで炒める。

祖母が作ってくれて大好きだった思い出の味を、発酵調味料を使ってアレンジしました。

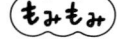

漬けるだけで食べられる！

らくうまつまみおかず

塩麹 大さじ2 ＋ **しょうゆ麹** 大さじ1 の漬け床で

豆腐 を漬ける

1 島豆腐200g（または木綿豆腐をしっかり水きりする）は8等分に切る。

2 ポリ袋に漬け床の調味料を入れて混ぜ、1を加えてからめ、1時間ほど漬ける。

卵 を漬ける

1 ポリ袋に漬け床の調味料を入れて混ぜる。

2 殻をむいたゆで卵4個を加えてからめ、1時間ほど漬ける。

ポイントは、そのままでも食べられる食材を使うこと。
しばらく漬けると味がしみ込み、おいしさがグンとアップします！
ごはんのおかずにもお酒のおともにも合います。

しょうゆ麹 大さじ2 ＋ 甘酒 大さじ1 の漬け床で

ほたて を漬ける

1. ポリ袋に漬け床の調味料を入れて混ぜる。
2. ほたて貝柱（刺身用）10個を加えてからめ、30分ほど漬ける。

こんにゃく を漬ける

1. こんにゃく小1枚（130g）は薄切りにし、熱湯をかけて水気をきる。
2. ポリ袋に漬け床の調味料を入れて混ぜ、1を加えてからめ、1時間ほど漬ける。

塩麹 大さじ2 ＋ 酒粕 大さじ1 の漬け床で

長いも を漬ける

1 ポリ袋に漬け床の調味料を入れてもみ混ぜる。

2 長いも200gを加えてめん棒で粗く砕き、1時間ほど漬ける。

甘えび を漬ける

1 甘えび（刺身用）20尾は殻と尾を取る。

2 ポリ袋に漬け床の調味料を入れてもみ混ぜ、1を加えてからめ、15分ほど漬ける。

みそ 大さじ1 ＋ 酒粕 大さじ1 の漬け床で

モッツァレラチーズ を漬ける

1 モッツアレラチーズ1個（100g）は角切りにする。

2 ポリ袋に漬け床の調味料を入れてもみ混ぜ、1を加えてからめ、1時間ほど漬ける。

アボカド を漬ける

1 アボカド1個は皮と種を取り、角切りにする。

2 ポリ袋に漬け床の調味料を入れてもみ混ぜ、1を加えてからめ、30分ほど漬ける。

野菜のおかず

ラタトゥイユ

しょうゆ麹

ぎゅっと凝縮された野菜の甘みに、しょうゆ麹のうまみを加えます。しょうゆ麹だけの味つけとは思えない、奥行きのある仕上がりです。

材料（2人分）

なす … 2本 ▶ 角切り
パプリカ（黄）… 1個 ▶ 角切り
ミニトマト … 6個
ズッキーニ … 1本 ▶ 角切り
玉ねぎ … ¼個 ▶ 角切り
にんにく … 1片 ▶ 薄切り
しょうゆ麹 … 大さじ3
オリーブ油 … 大さじ3

作り方

1 ポリ袋にすべての材料を入れ、もみ込む。

タイムを加えるのもおすすめ。風味がついて仕上がりがグレードアップします。

2 鍋に1を入れてふたをして弱めの中火にかけ、15分ほど煮る。

野菜から水分が出るから、水は入れません。

塩麹

セロリと豆のクリームチーズサラダ

麹の穏やかな甘みを感じるクリーミーなあえ衣です。合わせる野菜は香り高く、清涼感のあるセロリがおすすめですが、パプリカやきゅうりなど、好みの野菜をあえてください。

材料（2人分）

セロリ … 1本 ▶ 角切り
セロリの葉 … 適量 ▶ ざく切り
ミックスビーンズ（ドライパック） … 50g
クリームチーズ … 100g
塩麹 … 大さじ2

作り方

1 ポリ袋にすべての材料を入れ、もみ混ぜる。

もみもみ

15分 漬けよう！

甘みがあってこってり味で、好まれる味だと思います。セロリの香りがよく合いますよ。

小松菜と油揚げのさっと煮 しょうゆ麹

ポリ袋に合わせておけばおかずが即完成する、利便性の高いレシピです。

材料（2人分）

小松菜 … 1束
　► 4cm長さに切る
油揚げ … 1枚
　► 油抜きして1cm幅に切る
しょうゆ麹 … 大さじ2
水 … ½カップ

作り方

1 ポリ袋に小松菜、油揚げ、しょうゆ麹を入れ、もみ込む。

もみもみ

2 鍋に1、分量の水を入れ、ふたをして弱めの中火で10分ほど煮る。

甘みのない、私の好きな味つけ。ごはんのおかずにもぴったりです。

1時間 漬けよう！

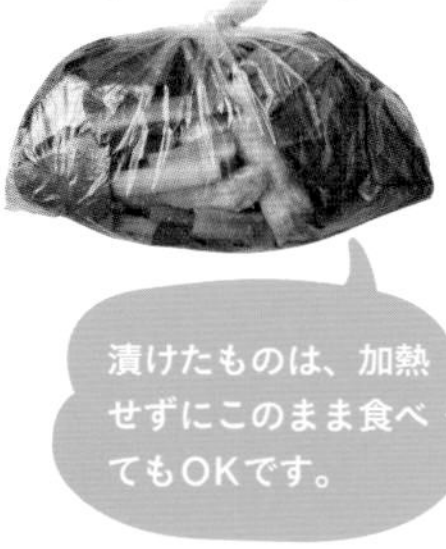

漬けたものは、加熱せずにこのまま食べてもOKです。

にんじんのチャンプルー 塩麹

調味料は塩麹だけ！　そうとは思えない甘みやコクを感じる仕上がりです。

材料（2人分）

にんじん … 1本
　►スライサーで削る
塩麹 … 大さじ2
卵 … 1個 ►溶く
油 … 大さじ1

作り方

1 ポリ袋ににんじん、塩麹を入れ、もみ込む。

もみもみ

1時間
漬けよう！

このあと炒めずに
このまま食べても
おいしいです。

2 フライパンに油を中火で熱し、1を入れ、少ししんなりするまで炒める。

3 卵を加え、火が通るまで炒める。

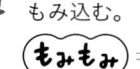

塩麹　甘酒

さつまいもときゅうりの白あえ

すり鉢を使うと手のかかる白あえもポリ袋なら楽々作れます。塩けと甘みのバランスがよく、たっぷりのごまが香ばしい配合です。

材料（2人分）

さつまいも … 100g ►角切り
きゅうり … 1本 ►小口切り
木綿豆腐 … 100g
►ペーパータオルで水気をとる
塩麹 … 大さじ2
甘酒 … 大さじ3
白すりごま … 大さじ3

作り方

1. さつまいもは水でさっと洗ってポリ袋に入れ、電子レンジで5分加熱する。
2. 1のあら熱がとれたら、きゅうり、塩麹大さじ1を加えて混ぜる。
3. 別のポリ袋に豆腐、塩麹大さじ1、甘酒、ごまを入れてもみ混ぜる。
4. 3に2を加えてもみ混ぜる。

塩麹の塩分できゅうりがしんなりするので塩もみが不要。さつまいもに下味もつきます。

白あえ衣はポリ袋を使うのが断然おすすめ。私はもっぱらこの方法です。

もみもみ

かぶとブロッコリーのガーリック油がけ

塩麹

塩麹で漬けただけの野菜に、油をジュッと最後にかけて風味をつけます。

材料（2人分）

かぶ … 1個
► 1.5cm角に切る
かぶの葉 … かぶ1個分
► 2cm長さに切る
ブロッコリー … ½個
► 小房に分ける
塩麹 … 大さじ2
にんにく … 1片
► みじん切り
オリーブ油 … 大さじ3

作り方

1 ポリ袋にかぶ、かぶの葉、ブロッコリー、塩麹を入れ、もみ込む。

もみもみ

1時間漬けよう!

2 フライパンにオリーブ油、にんにくを入れ、中火で香ばしい色がつくまで炒める。

3 1を器に盛り、2をかける。

ガーリック油はイタリアやスペインでよく見られる手法です。塩麹漬け野菜に変化をつけたいときにおすすめ。

なすのごまあえ

塩麹

いくつも調味料を使わなくても、塩麹だけでピタッと味が決まります。

材料（2人分）

なす … 3本
▶縦に細長く切る
塩麹 … 大さじ2
ごま油 … 大さじ1
白すりごま … 大さじ1½

作り方

1 ポリ袋になす、塩麹、ごま油を入れ、もみ込む。

もみもみ

2 ポリ袋の口を少しあけて水分を捨て、ごまを加えてもみ混ぜる。

ごまをたっぷり入れると香ばしくておいしいです。

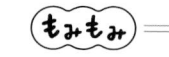

みそ
甘酒

きのこのみそ炒め

みそに甘酒を足すと、おなじみの甘みそに。
そこにごま油で風味をつけました。
しっかりとした味つけのおかずで、
ごはんが進みます。

材料（2〜3人分）

エリンギ … 2本
▶ 長さを半分に切り、縦半分に切って薄切り
しいたけ … 4個 ▶ 薄切り
えのきたけ … 1袋（100g）
▶ 4cm長さに切ってほぐす
しめじ … 1袋（100g） ▶ ほぐす
みそ … 大さじ2
甘酒 … 大さじ1
ごま油 … 大さじ1

作り方

1 ポリ袋にみそ、甘酒を入れてもみ混ぜ、きのこ、ごま油を加えてもみ込む。

もみもみ

30分
漬けよう！

きのこの種類や、合わせる量の割合は好みでOKです。ちなみに、えのきたけが多いと、なめたけのようなとろみがつきます。

2 フライパンを中火で熱し、1をしんなりするまで炒める。

漬けるだけで食べられる!

らくうま副菜

塩麹 だけで

≫ほかにもこんな野菜を

- かぶ
- きゅうり
- パプリカ
- チンゲン菜

小松菜 を漬ける

1 小松菜1½束(300g)は4cm長さに切る。

2 ポリ袋に1、塩麹大さじ3を入れてもみ込み、1時間ほどおいて味をなじませる。

キャベツ を漬ける

1 キャベツ3枚(300g)は1cm幅に切る。

2 ポリ袋に1、塩麹大さじ3を入れてもみ込み、1時間ほどおいて味をなじませる。

発酵調味料とポリ袋、野菜は相性がよく、もむだけで、
簡単でおいしくて健康的な、いいことずくめのおかずが作れます。
野菜は何でもOKなので、そのときにあるものを漬けて楽しみましょう。

塩麹 ＋ 甘酒 で

ほかにもこんな野菜を

- キャベツ
- 白菜
- トマト
- かぶ

にんじん を漬ける

1 にんじん1本(250g)はマッチ棒状に切る。

2 ポリ袋に1、塩麹大さじ2、甘酒大さじ1を入れてもみ込み、1時間ほどおいて味をなじませる。

大根 を漬ける

1 大根300gは5㎜幅のいちょう切りにする。

2 ポリ袋に1、塩麹大さじ3、甘酒大さじ2を入れてもみ込み、1時間ほどおいて味をなじませる。

しょうゆ麹 ＋ 酒粕 で

≫ほかにもこんな野菜を

- 大根
- 長いも
- にんじん
- かぶ

なす を漬ける

1 なす3本(250g)は乱切りにする。

2 ポリ袋にしょうゆ麹大さじ2、酒粕大さじ1を入れてもみ混ぜ、*1*を加えてもみ込み、1時間ほどおいて味をなじませる。

ごぼう を漬ける

1 ごぼう1½本(250g)は、4cm長さに切って縦半分に切る。

2 ポリ袋にしょうゆ麹大さじ3、酒粕大さじ1を入れてもみ混ぜ、*1*を加えてもみ込み、1時間ほどおいて味をなじませる。

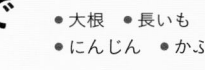

甘酒＋みそで

≫ほかにもこんな野菜を

- にんじん
- セロリ
- なす
- ごぼう

玉ねぎを漬ける

1 玉ねぎ2個(250g)はくし形切りにする。

2 ポリ袋に甘酒、みそ各大さじ1を入れてもみ混ぜ、1を加えてもみ込み、1時間ほどおいて味をなじませる。

きゅうりを漬ける

1 きゅうり2本(250g)は1.5㎝幅の輪切りにする。

2 ポリ袋に甘酒大さじ2、みそ大さじ1を入れてもみ混ぜ、1を加えてもみ込み、1時間ほどおいて味をなじませる。

粉もの・ごはん

水餃子

塩麹

味つけは塩麹だけですが、いろいろ入れたような奥深さ！
もちもち、むちむちの皮は手作りならではのおいしさです。

材料（20個分）

生地

- 薄力粉、強力粉 … 各75g
- 水 … ½カップ
- 塩 … 少々

肉あん

- 豚ひき肉 … 200g
- A
  - 塩麹 … 大さじ2
  - こしょう … 少々
  - ごま油 … 大さじ1
- にら … 1束 ► 5mm幅に切る
- 長ねぎ … 10cm ► みじん切り
- しょうが … 1片 ► みじん切り

酢、こしょう … 各適量

作り方

1 ポリ袋に生地の材料を入れてもみ混ぜ、室温で30分休ませる。

2 別のポリ袋にひき肉、Aを入れてもみ込み、野菜を加えてもみ混ぜる。

もみもみ

3 1を棒状に伸ばし、20等分に切る。断面を上にして置き、打ち粉（強力粉・分量外）を適宜ふりながら、めん棒で直径7cmにのばす（a）。

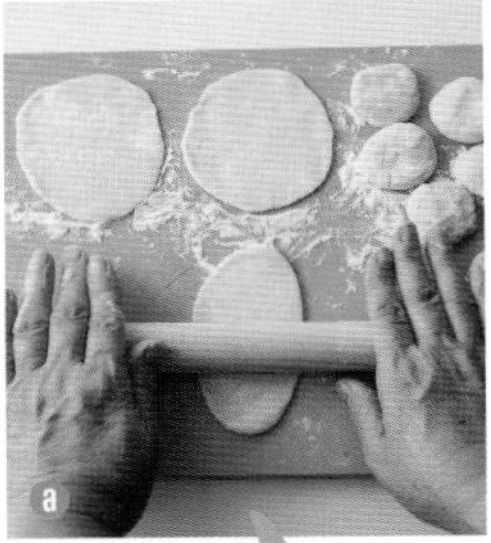

a

めん棒を上下に動かして楕円形にのばし、90°回転させて同様に。この方法だと簡単に円形にのばせます。

4 2のポリ袋の角を少し切り、皮の上に等分にしぼり出す。

5 半分に折り、ふちを押さえてとじる。

6 鍋に湯をたっぷり沸かして塩適量（分量外）を入れて中火にし、5を入れる。浮いてきたら、さらに2〜3分ゆでる。酢とこしょうを添える。

塩麹

ねぎ餅

くるくる巻いて層を作る方法が興味深い、中国の葱油餅《ツォンヨウピン》。本来は花椒《ホワジャオ》塩とねぎを巻き込みますが、ここでは塩麹を使ってアレンジ。

材料（2個分）

生地

- 薄力粉、強力粉 … 各75g
- 油 … 大さじ1
- 湯 … ½カップ

具

- 長ねぎ … 10cm ► みじん切り
- 塩麹 … 大さじ1
- 花椒 … 小さじ½
- ごま油 … 大さじ2

油 … 適量

作り方

1 ポリ袋に生地の材料を入れてもみ混ぜ、室温で30分休ませる。

2 別のポリ袋に具の材料を入れて混ぜる。

もみもみ

3 1を2等分にして、打ち粉（強力粉・分量外）を適宜ふりながら、めん棒で横15cm×縦40cmにのばし、2の半量を広げる（a）。長辺を巻いて棒状にし、両端を逆方向に巻いてS字状にする（b）。ひとつのうず巻きにもうひとつをかぶせるようにし、重ね合わせる（c）。めん棒で直径14cmにのばす。同様にしてもう1個作る。

4 フライパンに油を多めに熱し、返しながら弱火で両面をこんがりと焼く。

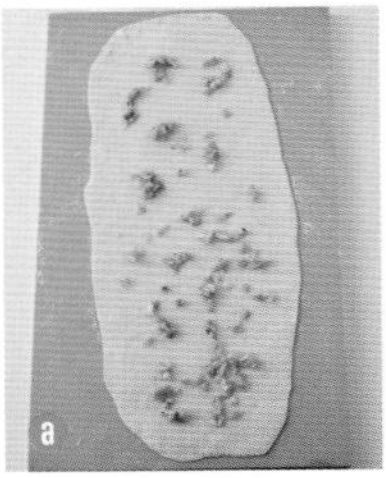

a

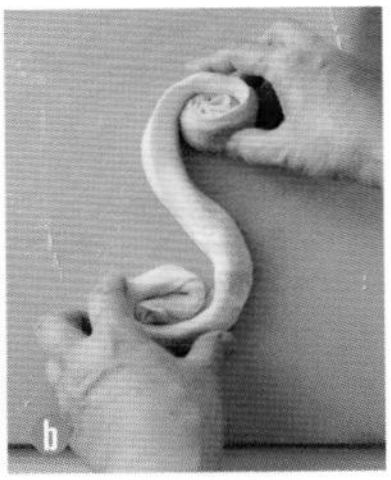

b

c

くるくる巻くことで生地と具の層ができます。西洋でいうところのパイですね。

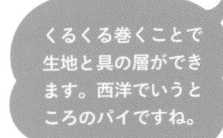

しょうゆ麹　みそ

ジャージャン麺

しょうゆ麹入りの肉みそは、コクとうまみを感じる本格的な味。ポリ袋で作るむっちり食感の手作り麺によくからめて召し上がれ。

材料（2人分）

生地

- 薄力粉、強力粉 … 各75g
- 水 … ½カップ
- 塩 … 少々

肉みそ

- 豚バラ薄切り肉 … 150g ▶粗みじん切り
- にんにく、しょうが … 各1片 ▶みじん切り
- しょうゆ麹 … 大さじ3
- みそ … 大さじ1
- 粉唐辛子、五香粉《ウーシャンフェン》 … 各小さじ⅕
- ごま油 … 大さじ1

もやし … ½袋 ▶熱湯をかける
きゅうり … ½本 ▶細切り
長ねぎ … 8cm ▶せん切り
枝豆（さや付き） … ¼カップ ▶ゆでてさやから出す

作り方

1 ポリ袋に生地の材料を入れてもみ混ぜ、室温で30分休ませる。

2 別のポリ袋に肉みその材料を入れ、もみ込む。

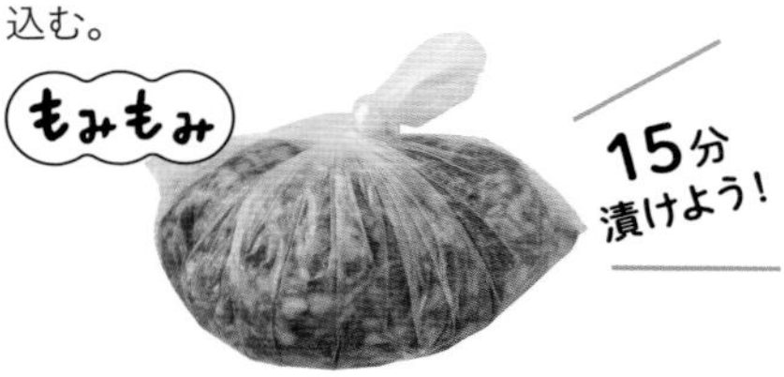

3 台に打ち粉（強力粉・分量外）をふり、1を横20cm×縦40cmにのばす（a）。表面に打ち粉をたっぷりとふり、ひだを作るようにして6〜7cm幅に折りたたむ（b）。端から3mm幅ほどに切る（c）。

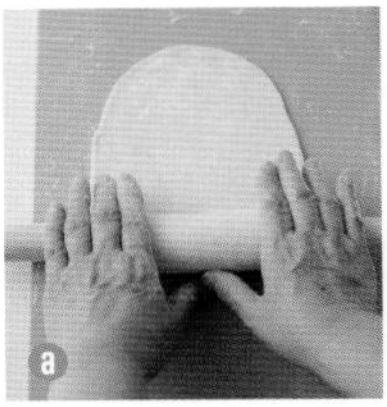

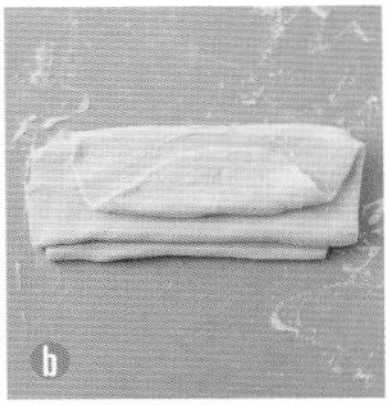

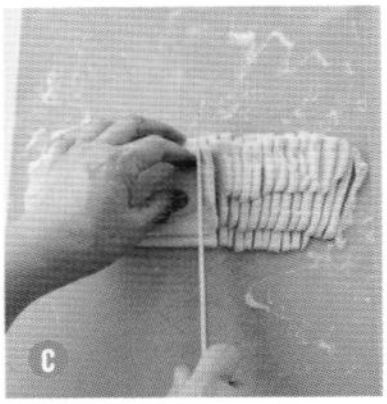

楕円形にある程度のばしたら、生地をめん棒に巻きつけて転がしましょう。

4 鍋に湯をたっぷり沸かし、3を入れてほぐし、7分ほどゆでる。ざるにあげ、冷水で洗って水をきり、器に盛る。

5 フライパンに油少々（分量外）を熱し、2を入れて脂が出てくるまで中火で炒める。水¼カップ（分量外）を加えて炒める。

水を加えたら、フライパンについたうまみをこそげ取るようにして炒めます。

6 4にもやし、きゅうりをのせて5をかけ、長ねぎをのせて枝豆を散らす。

チャーハン しょうゆ麹

しょうゆ麹で香ばしい仕上がりです。こしょうをピリッときかせて。

材料（2人分）

ごはん … 400g
卵 … 1個
ハム … 3枚
► 粗みじん切り
長ねぎ … ⅕本
► 粗みじん切り
しょうゆ麹 … 大さじ2
ごま油 … 大さじ1
こしょう … 少々

作り方

1 ポリ袋にすべての材料を入れ、もみ混ぜる。

もみもみ

2 フライパンを中火で熱し、1を入れ、パラパラになるまで炒める。

しょうゆ麹が混ざっているので、炒めるうちにそれが焦げて香ばしさを生み出します。

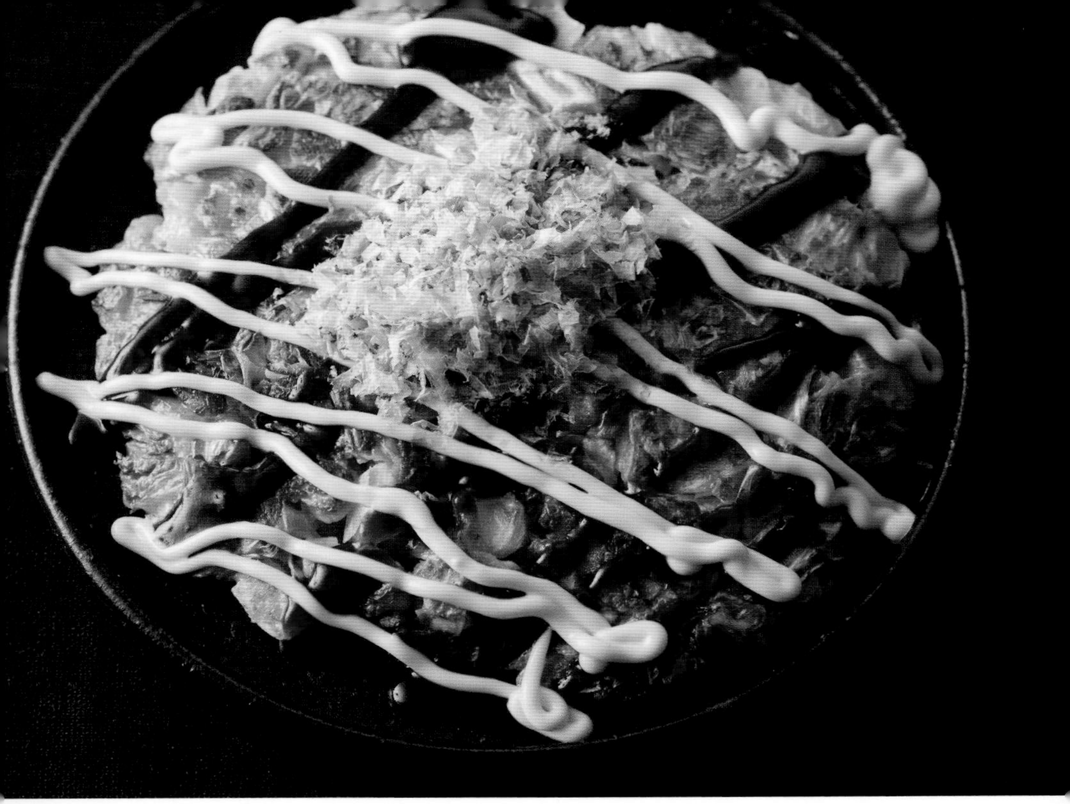

お好み焼き 塩麹

塩麹がキャベツの甘みを引き出し、軽やかな仕上がりです。

材料（直径18cm1枚分）

薄力粉 … 70g
水 … 大さじ2
キャベツ … 2枚 ►粗みじん切り
長ねぎ … 5cm ►粗みじん切り
長いも … 2cm（50g）
卵 … 1個
桜えび … 大さじ1
塩麹 … 大さじ1
油 … 適量
削り節、お好み焼きソース、
　マヨネーズ … 各適量

作り方

1 ポリ袋に長いもを入れてめん棒で細かく砕く。

2 油と削り節、ソース、マヨネーズ以外を加え、もみ混ぜる。

もみもみ

3 フライパンに油を熱し、2を入れて丸く広げる。ふたをして、弱めの中火で両面をこんがりと焼く。

4 器に盛り、ソース、マヨネーズをかけ、削り節をのせる。

ここでは定番の3つをかけましたが、しょうゆ麹をかけたり、刻みのりをふったりしてもいいですね。

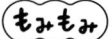

しずお

甘酒

甘酒といちごのアイスクリーム

ほどよい甘みとクリーミーさがおいしい、見た目もかわいいおやつです。ごろりと形の残ったいちごが、口に入れると甘酸っぱくさわやか。

材料（作りやすい分量）

いちご … 1パック（250g）
甘酒 … 大さじ3
練乳 … 大さじ3
生クリーム … ½カップ

作り方

1 ポリ袋にいちご、甘酒、練乳を入れ、もんでいちごをつぶす。生クリームを加えてもみ混ぜる。

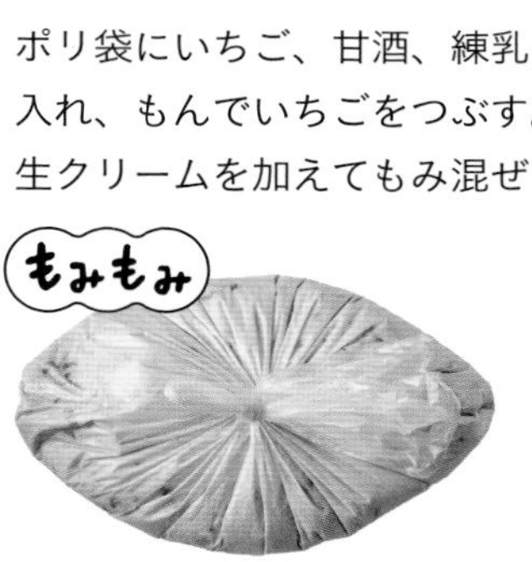

2 冷凍庫で冷やし固める。

ひと口大に割って召し上がれ。割りやすいように平らにして凍らせるといいですよ。

ブルーベリーゼリー （甘酒）

むちっとした食感で、ブルーベリーのプチプチ感も楽しめます。

材料（作りやすい分量）

ブルーベリー … 1パック（125g）
甘酒 … 大さじ5
プレーンヨーグルト … 200g
粉ゼラチン … 1袋（5g）
水 … 大さじ3

つるんとした食感ではない、意外な食感体験をぜひ。甘さ控えめなので、好みで甘酒をかけてください。

作り方

1 耐熱の小さなボウルに分量の水を入れ、ゼラチンを加えてしめらせ、電子レンジで30秒加熱して溶かす。

2 ポリ袋に甘酒、ヨーグルト、1を入れてもみ混ぜ、ブルーベリーを加える。

もみもみ

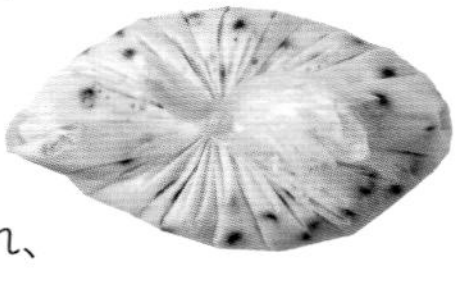

3 冷蔵庫で冷やし固める。器に入れ、好みで甘酒適量（分量外）をかける。

甘酒バナナスムージー

甘酒

甘みはバナナと甘酒だけ。ポリ袋ならミキサーなしで作れます。

材料（作りやすい分量）

バナナ …2本
甘酒 … 大さじ2
牛乳 …1カップ

作り方

1 ポリ袋にバナナ、甘酒を入れ、もんでバナナをつぶし、牛乳を加えてもみ混ぜる。

もみもみ

2 冷凍庫で冷やし固める。

3 冷凍庫から取り出して半解凍する。もんでほぐし、グラスに入れる。

凍らせる時間を短くし、半分くらい凍ったところで取り出してもかまいません。

ホットク （甘酒）

「中国の餅」という意味の韓国の黒砂糖入りお焼きです。外はカリカリ、生地はふんわり。中には溶けた黒砂糖がとろり！

材料（4個分）

生地

- 薄力粉 … 150g
- 甘酒 … 大さじ3
- インスタントドライイースト … 小さじ¼
- 水 … ¼カップ

具

- ピーナッツ（無塩）… 30g
- 黒砂糖 … 70g
- 甘酒 … 大さじ1
- シナモンパウダー … 小さじ½

油 … 適量

作り方

1 ポリ袋に生地の材料を入れて、均一に混ざるまでもむ。

もみもみ ⟹

30分おこう！

発酵するので袋の口はあけておきます。

2 別のポリ袋にピーナッツを入れ、めん棒で粗く砕き、残りの具の材料を加えて混ぜる。

3 1を4等分にし、打ち粉（強力粉・分量外）を適宜ふりながら、めん棒で直径10cmほどにのばす。2の¼量をのせ（ⓐ）、生地のふちをつまんでひだを寄せながら包む（ⓑ、ⓒ）。上下を返し、めん棒で直径10cmほどにのばす。

4 フライパンに多めの油を中火で熱し、3を入れ、両面をこんがりと焼く。

包んだものをめん棒でのばすときは、ピーナッツが生地を破らないようにそっと転がしてくださいね。

103

PART1 まいにちおかずレシピ｜おやつ

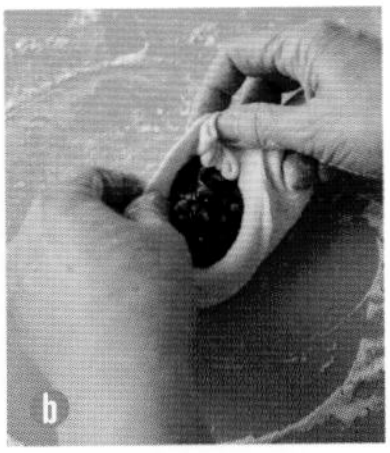

酒まんじゅう

甘酒　酒粕

酒粕の芳醇な香りがふわっ！　むちむちの生地がクセになる昔ながらの味です。

材料（8個分）

薄力粉 … 150g
ベーキングパウダー
… 小さじ2
A
| 甘酒 … 大さじ2
| 酒粕 … 30g
| 水 … 大さじ3
あんこ（市販） … 120g
► 8等分にする
オーブンシート（4cm四方）
… 8枚

作り方

1 ポリ袋に薄力粉とベーキングパウダーを入れ、ふり混ぜる。A を加え、均一に混ざるまでもむ。

もみもみ

15分
おこう！

2 1 を棒状にのばして8等分に切り、ひとつずつ丸め、直径8cmに手でのばす。あんこをひとつずつのせ、ひだを寄せながら包む。とじ目を下にしてオーブンシートにのせる。

3 蒸気があがった蒸し器に入れ、弱火で10分ほど蒸す。

昔から食べていた明治生まれの祖母の味です。蒸したものは冷凍ができ、解凍は蒸し器がベストです。

PART 2

ポリ袋を使って発酵調味料を作りましょう

発酵食生活に興味が出たら、手作り発酵調味料に挑戦してみませんか。
日ごとに変化する麹の様子を観察するのは、楽しいものです。
ただ、完成までに数日がかかるので、
気負いなくチャレンジできるよう、
炊飯器や鍋で作れる方法も紹介しました。
まずは市販品でお試しという人は
市販品の選び方を参考にしてください。

塩麹

保存 冷蔵庫で1か月

材料（作りやすい分量）

米麹…200g
塩…50g
ぬるま湯（50℃くらい）…2カップ

＊熱湯1：水1で混ぜると50℃くらいになる。お風呂の湯よりも少し熱く、指を入れるとじんわり熱さを感じるくらい。
＊ぬるま湯を使うと早くできあがる。炊飯器で作る場合は水でよい。

室温で作る

1 ポリ袋に米麹をほぐして入れ、塩、ぬるま湯を加える。

2 袋の上からよくもんで混ぜる。

3 袋の口をゆるく結び、1日1回袋の上からもみ、室温に3日ほどおく。麹がやわらかくなり、甘みが出たら使える。

炊飯器で作る

炊飯器の内釜に米麹をほぐして入れ、塩、水を加える。

清潔なスプーンなどでよく混ぜる。

乾いた布巾をかけ、炊飯器のふたはせずに保温のスイッチを入れ、15分温める。

15分たったらスイッチをきり、混ぜる。乾いた布巾をかけ、半日ほどおく。

半日ほどおいたもの。できあがり。

保存容器に移す。

生麹と乾燥麹の違いは？

市販されている米麹には、生麹と乾燥麹があります。どちらも味の違いはほとんどなく、違いは保存期間です。生麹は麹菌が生きている状態で売られているので、発酵が進みます。それを抑えるために冷蔵保存が必須で、保存期間も短いです。一方、乾燥麹は麹菌が休眠状態なので、発酵は進みません。常温でも保存することができ、一年中手に入ります。

甘酒

保存 冷蔵庫で1週間｜冷凍庫で1か月

材料（作りやすい分量）

米麹 … 200g
ごはん … 100g
水 … 3カップ

炊飯器で作る

1

炊飯器の内釜に米麹をほぐして入れ、ごはん、水を加える。清潔なスプーンなどでよく混ぜる。

2

乾いた布巾をかけ、炊飯器のふたはせずに保温のスイッチを入れ、15分温める。スイッチをきって混ぜ、乾いた布巾をかぶせて冷めるまでおく。

3

2をあと2回くり返し（合計3回温める）、できあがり。保存容器に移す。

鍋で作る

1 鍋に米麹をほぐして入れ、ごはん、水を加える。

2 清潔なスプーンなどでよく混ぜる。

3 弱火にかけ、湯気が少し出てくるまで加熱する。煮立てないように注意。

4 火を止め、ふたをして冷めるまでおく。

5 冷ましている途中で混ぜて温度を均一にする。

6 冷めたら、混ぜてから弱火にかけ、3〜5と同様にする。これをあと1回くり返す（合計3回加熱する）。

発酵は「混ぜ」がポイント！

発酵のコツはよく混ぜることです。ほったらかしにすると温度のムラができ、高温のところは麹菌が死滅して（60℃以上になると麹菌は死滅してしまう）、発酵がうまくいきにくくなってしまいます。途中で様子を見て混ぜ、発酵を促しましょう。

7 保存容器に移す。

しょうゆ麹

保存 冷蔵庫で1か月

材料
(作りやすい分量)

米麹…200g
しょうゆ(50℃くらい)
…2カップ

＊耐熱ボウルにしょうゆを入れ、ラップをかけずに電子レンジで2分加熱すると50℃くらいになる。お風呂の湯よりも少し熱く、指を入れるとじんわり熱さを感じるくらい。
＊しょうゆが温かいと早くできあがる。炊飯器で作る場合はそのままでよい。

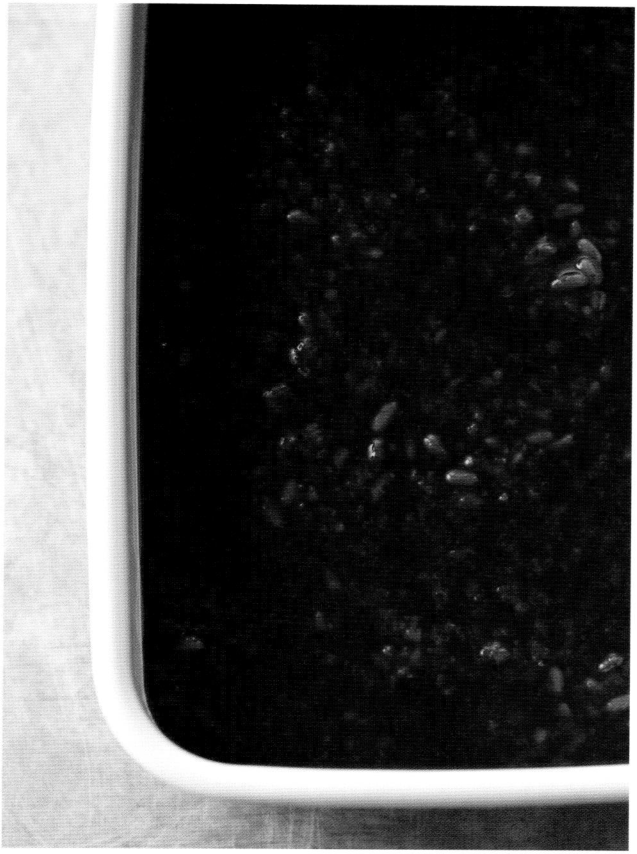

室温で作る

1

ポリ袋に米麹をほぐして入れ、しょうゆを加える。

2

袋の上からよくもんで混ぜる。

3

袋の口をゆるく結び、1日1回袋の上からもみ、室温に3日ほどおく。麹がやわらかくなり、甘みが出たら使える。

炊飯器で作る

1

炊飯器の内釜に米麹をほぐして入れ、しょうゆを加える。

2

清潔なスプーンなどでよく混ぜる。

3

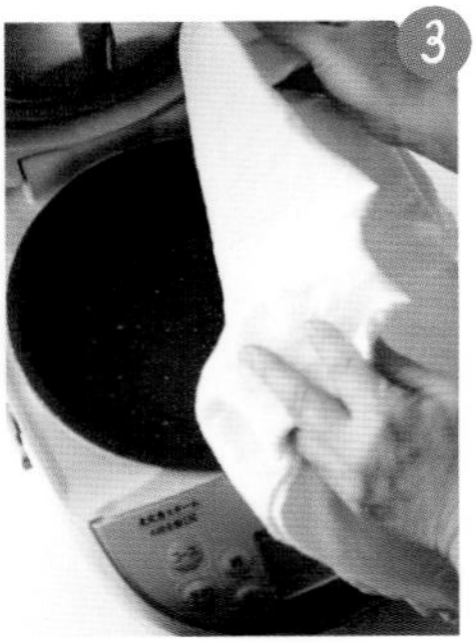

乾いた布巾をかけ、炊飯器のふたはせずに保温のスイッチを入れ、15分温める。

4

15分たったらスイッチをきり、混ぜる。乾いた布巾をかけ、半日ほどおく。

5

半日ほどおいたもの。できあがり。

6

保存容器に移す。

水分量は多めだと発酵しやすい

麹に水分を加えると、一気に吸ってかたく締まります。かたいと発酵が進みにくいので、この本では、発酵がスムーズに進むように水分量を多めにしています。それでもはじめはかたく締まり、不安になるかもしれませんが、しばらくするとやわらかくなるので大丈夫。この「麹がやわらかくなる」のが、発酵がはじまった合図です。

みそ

保存 冷蔵庫で半年以上

材料（作りやすい分量）

大豆 … 200g
米麹 … 200g
あら塩 … 100g

＊大豆と米麹は同量、塩は米麹の半量。

室温で作る

1

鍋に洗った大豆と、水をたっぷりかぶるくらいまで入れて一晩おく。

2

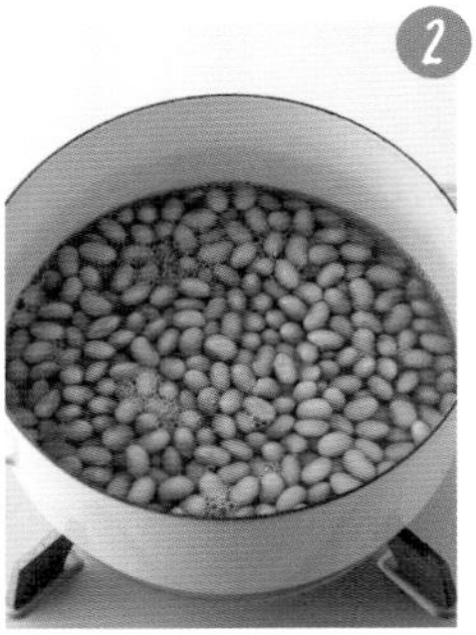

鍋を火にかけ、弱めの中火でゆでる。途中アクを取り、水分が少なくなったら適宜足す。

3

指で簡単につぶれるくらいまでゆでる（3時間ほど）。

4

ざるにあげ、大豆とゆで汁を分ける。

5
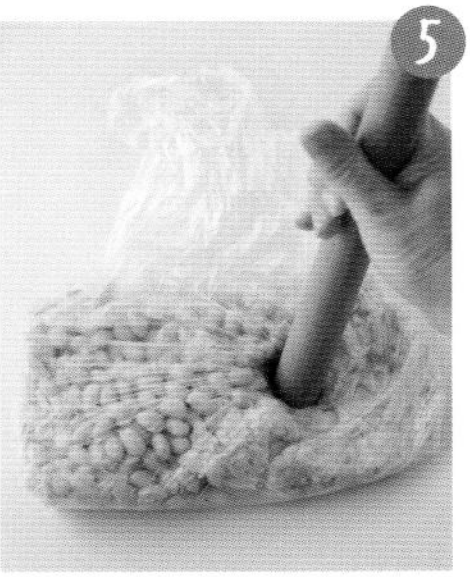
あら熱がとれたら大豆をポリ袋に入れ、めん棒でつぶす。

＊フードプロセッサーで粉砕するか、すり鉢でつぶしてもよい。

6

別のポリ袋に米麹と塩を入れ、米麹をほぐしてふり混ぜる。

7
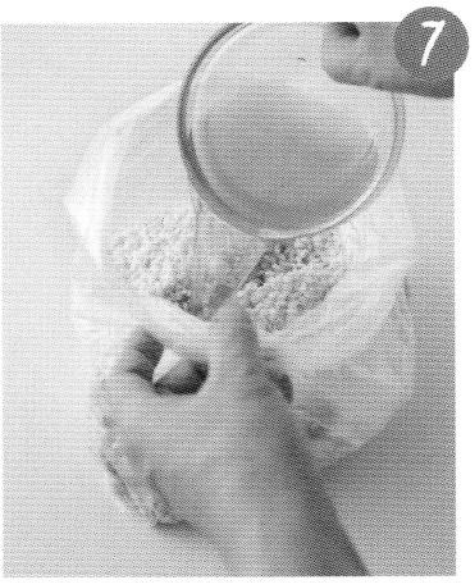
5に6を加え、4のゆで汁を1カップほど（もったりとまとまるようになるくらい）加える。

8
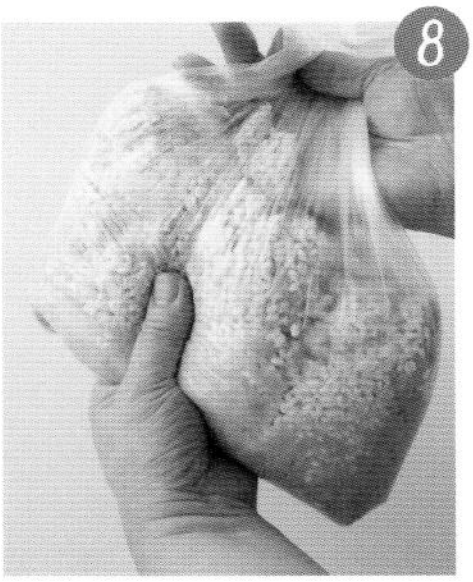
袋の上からよくもんで混ぜる。

9

空気を抜いてゆるく結び、日の当たらない涼しい場所におく。月に1〜2回、袋の口をあけ、全体を混ぜる。

10

夏仕込みは2〜3か月、寒仕込みは5〜6か月ほどでできあがり。

冬に仕込まなくてはだめ？

みそ作りは昔から「寒仕込み」がいいとされ、冬に仕込んで半年ほどかけて発酵・熟成させる方法が伝統的です。では夏はだめかというと、そんなことはありません。試しに7月下旬に仕込んでみたところ、2か月後の9月下旬には熟成していました。今はいつでも乾燥麹が手に入りますし、ときには夏仕込みもいいのではないでしょうか。

市販の発酵調味料の選び方

＼パッケージのここをチェック！／

選び方の共通ポイント

○

名称	塩麹
原材料名	米麹、あら塩

- シンプルな原材料だけで作られているもの。

×

名称	塩麹
原材料名	米麹、食塩、酒精

- 添加物や保存料を使っていないもの。
- 発酵を止める酒精が未使用のもの。

ちなみに…

商品によって、こうじの漢字が「麹（麹）」「糀」の2種類がありますが、これは漢字が違うだけで、中身とは関係ありません。

塩麹

原材料

塩と麹だけで作られているものを選びましょう。麹の種類によっていくつかありますが、米麹を使っているものが一般的で、クセもなく使いやすいです。

製造法

できあがったあとも麹の酵素は生きていて、発酵が進みます。市販品には加熱処理をして発酵を止めているものもありますが、**発酵を止めていない非加熱タイプがベスト**です。

形状

麹の粒が残ったもの、ペースト状のもの、液体のものなどがあります。**はじめに買うなら粒が残ったもの**を試してみてください。この本の手作り塩麹（106ページ）もこのタイプです。もし粒々や焦げつきやすさなどが気になるなら、ペースト状や液体のものを。

甘酒

原材料

米麹と米、または米麹だけで作られているものを選びましょう。甘酒にはもうひとつ、酒粕から作るものもあるので、間違えないように気をつけてください。前者は「アルコールゼロ」などと表記されている場合もあるので参考に。

製造法

できあがったあとも発酵が進み、そのまま放置すると酸味が出たり、酒になったりしてしまいます。そのため、市販品の多くは加熱処理をして発酵を止めています。こだわるなら非加熱のものを入手し、冷凍するとよいでしょう。

形状

ドロドロとした濃縮タイプと、サラサラのストレートタイプがあります。**料理には濃縮タイプがおすすめ**。この本の手作り甘酒（108ページ）もこのタイプです。ストレートタイプは、そのまま飲むのに向いています。

しょうゆ麹

原材料

麹としょうゆで作られているものを。麹の種類によっていくつかありますが、はじめてなら、米麹で作られたものが使いやすいでしょう。麦麹や豆麹で作られたものは「食べるしょうゆ麹」といったところで、食感が楽しめます。

製造法

塩麹と同様に、**麹菌が生きた状態の非加熱タイプがおすすめ**です。ちなみに、しょうゆを作るときの途中段階である「蒸した大豆と炒って砕いた小麦に麹菌を繁殖させたもの」も「しょうゆ麹」といい、これに塩水を加えて発酵・熟成させるとしょうゆができます。同じ呼び名ですが、調味料なのかしょうゆの素なのかで両者は異なります。

形状

麹の粒が残ったもののほか、麹の粒をペースト状にしたものもあります。使いやすいものでかまいませんが、この本の手作りしょうゆ麹（110ページ）は粒の残ったタイプです。

みそ

原材料

大豆と米麹を主原料とし、発酵・熟成させる米みそが主流で、麦麹を使った麦みそ、豆麹を使った豆みそもあります。**迷ったら、米みそ**が使いやすいでしょう。とはいえ、食べ慣れた味の普段使っている好みのものでかまいません。

色

白みそ、淡色系みそ、赤みそに分かれ、熟成期間が長いほど色が濃くなります。味の面でいうと、色が濃いほど味や風味が濃厚になる傾向があります。

製造法

容器に詰めたあとも発酵は進むため、生きた酵素により容器がパンパンにふくれることがあります。これを防ごうと、市販品には加熱処理をして発酵を止めているものもありますが、**おすすめは非加熱のもの**です。**容器に空気穴が空いているもの**を選びましょう。

酒粕

原材料

酒粕は酒をしぼったあとに残るものなので、元の酒の原材料が酒粕の風味に直結します。こだわるなら、原材料表示に「醸造アルコール」がないものを選びましょう。

形状

板状になった「板粕」、ほぐれた「ばら粕」、ペースト状の「練り粕」があります。**やわらかさは、練り粕→ばら粕→板粕の順で、やわらかいほど扱いが楽**です。

風味

板粕とばら粕の違いはほぼないですが、練り粕は板粕やばら粕を半年ほど熟成させているのでコクがあり、風味がより強いです。

PART 3

発酵野菜調味料×ポリ袋のもっと楽しむ発酵レシピ

野菜を塩漬けして発酵させる
「発酵野菜調味料」を使ったレシピをご紹介。
いろいろな国の料理もふんだんに掲載しているので、
世界のあの味を楽しめます。
発酵野菜調味料は、
いうなれば「野菜のうまみがプラスされた塩」といったところ。
だから、味は本格的なのに
作り方は挑戦しやすい手軽なものばかりです。

発酵野菜調味料を作りましょう！

発酵野菜調味料とは？

野菜を塩漬けにして時間をおくと、乳酸菌の働きで発酵が進み、独特のうまみが生じます。できあがったものは、発酵のパワーを秘め、調味料感覚で使えることから、この本では「発酵野菜調味料」と名づけました。野菜の個性（酸味、甘み、辛みなど）を残しつつ、まろやかな塩みが味わえます。

この本で使う発酵野菜調味料

発酵玉ねぎ

玉ねぎ1個(200g)を粗みじん切りにし、塩大さじ1を混ぜる。室温で1日おく。

発酵レモン

レモン1個(100g)をいちょう切りにし、塩大さじ½を混ぜる。室温で1日おく。

発酵唐辛子

赤唐辛子(乾燥)20gを水で戻し、取り出して刻む。塩大さじ2を混ぜる。室温で1日おく。

発酵トマト

トマト1個(200g)を1cm角に切り、塩大さじ1を混ぜる。室温で1日おく。

発酵にんにく

にんにく1個(50g)をみじん切りにし、塩大さじ2を混ぜる。室温で1日おく。

いつ使える?

室温で1日おいたら使えます。2日目からは冷蔵庫へ入れましょう。作りたてはあっさりしていてフレッシュ感があります。だんだんと味がなじみ、深みが出てきます(写真は1週間おいたもの)。その変化を楽しめるのが手作りのよさです。好みの発酵具合で使ってください。

発酵玉ねぎ
のおかず

ビーフストロガノフ

身近な材料を使って、ロシアの家庭料理の味を再現！
発酵玉ねぎが塩みとうまみで下支えをし、おいしさを引き立てます。

材料（2人分）

牛もも薄切り肉…200g
A マッシュルーム…4個 ►薄切り
　発酵玉ねぎ（➡P119）…大さじ3
　こしょう…少々
油…大さじ1
バター…大さじ2
薄力粉…大さじ1
B プレーンヨーグルト、
　　生クリーム…各¾カップ
じゃがいも…2個
パセリ…適量 ►みじん切り

作り方

1 ポリ袋に牛肉とAを入れ、もみ込む。

もみもみ

2 別のポリ袋にじゃがいもを入れ、電子レンジで6分加熱する。あら熱がとれたら、手で3〜4個に割る。フライパンに油とバター大さじ1を入れて中火で熱し、じゃがいもをこんがりと焼いて取り出す。

3 フライパンにバター大さじ1を足し、1を入れて肉の色が変わるまで炒め、薄力粉をふってからめるように炒める。Bを加え、とろみがつくまで煮る。器に盛り、2を添え、パセリを散らす。

本来はサワークリームで作りますが、ヨーグルトと生クリームでも十分おいしくできますよ。

ポテトサラダ

加熱から味つけまでを1枚のポリ袋で。マヨネーズなしのさっぱり味です。

材料（2人分）

じゃがいも … 2個
にんじん … $\frac{1}{6}$本
きゅうり … $\frac{1}{2}$本 ►小口切り
ハム … 2枚 ►いちょう切り
A 発酵玉ねぎ（➡P119）
… 大さじ2
塩麹、酢、オリーブ油、
粒マスタード
… 各大さじ1

作り方

1 ポリ袋にじゃがいも、にんじんを入れ、電子レンジで6分加熱する。

2 にんじんを取り出し、じゃがいもを袋の上からめん棒でつぶす。にんじんを2mm幅のいちょう切りにして戻し入れ、きゅうり、ハム、Aを加えてもみ混ぜる。

もみもみ

塩麹も使って発酵力をアップさせましたが、なければ発酵玉ねぎの量を増やすか、塩で味をととのえましょう。

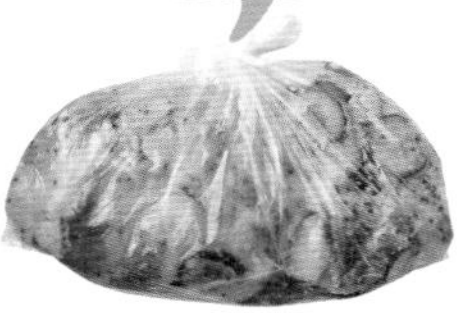

パプリカのオムレツ

発酵玉ねぎが甘みと塩み、うまみの役割を果たすから材料がシンプル！

材料（2人分）

卵 … 3個

A
- パプリカ（赤・黄）… 各¼個 ►粗みじん切り
- 発酵玉ねぎ（➡P119）… 大さじ2
- パセリ … 1枚 ►みじん切り
- こしょう … 少々

ピザ用チーズ … 20g

オリーブ油、バター … 各大さじ1

作り方

1 ポリ袋に卵を割り入れ、Aを加えてもみ混ぜる。

もみもみ

2 フライパンにオリーブ油、バターを中火で熱し、1を流し入れてかき混ぜる。半熟状になったらチーズを散らし、ふたをして卵が固まるまで焼く。

チーズをあとでのせると、その味が際立ちます。手軽にするのなら、ポリ袋にいっしょに入れても。

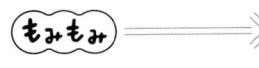

発酵トマトのおかず

スパゲッティミートソース

肉のうまみがしっかり味わえる、甘みなしの本格的な仕上がり。肉を炒めてうまみを凝縮させ、発酵トマトで味を引き締めます。

材料（2人分）

合いびき肉 … 200g

A
- 玉ねぎ … ¼個 ▶みじん切り
- にんにく … 1片 ▶みじん切り
- 赤唐辛子 … 1本
- 発酵トマト（汁ごと ➡P119） … ½カップ

バター、オリーブ油 … 各大さじ1½

赤ワイン … ½カップ

トマトの水煮（缶詰・カットタイプ） … ¼カップ

スパゲッティ … 150g

パセリ … 適量 ▶みじん切り

パルメザンチーズ … 適量

作り方

1 ポリ袋にひき肉、Aを入れてもみ込む。

もみもみ

15分
漬けよう！
発酵トマトは果肉だけでなく汁も使うのがポイントです。

2 鍋にバター、オリーブ油を中火で熱し、1を炒める。肉の色が変わったら赤ワイン、トマトの水煮を加え、弱めの中火でとろみがつくまで煮る。

3 別の鍋に湯を沸かし、塩適量（分量外）を入れ、スパゲッティを袋の表示通りにゆでて、湯をきる。

4 器に3を盛って2をかけ、パセリ、チーズをふる。

ワカモーレ

メキシコのおなじみディップ。発酵トマトの塩みがほどよいです。

材料（2人分）

アボカド … 1個 ►角切り

A
- 玉ねぎ（みじん切り）… 大さじ1
- ピーマン … ½個 ►みじん切り
- 発酵トマト（汁ごと ➡P119）… 大さじ2
- ライム汁 … 大さじ1
- 粉唐辛子 … 少々

パクチー … 適量 ►ざく切り

トルティーヤチップス … 適量

作り方

1. ポリ袋にAを入れて混ぜ、アボカドを加えて軽くつぶしながらもみ混ぜる。

もみもみ

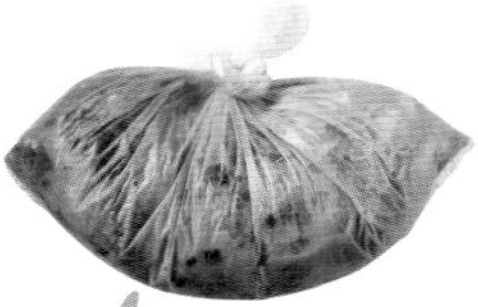

本来は生のトマトを使いますが、ここでは味つけも兼ねて発酵トマトを使います。

2. 器に盛ってパクチーをのせ、トルティーヤチップスを添える。

まぐろのトマト煮

発酵トマトの汁も加えると、その味がベースとなり、うまみがアップ。

材料（2人分）

まぐろ（赤身）… 1さく（200g）
► 1.5cm幅に切る

A
- 玉ねぎ（みじん切り）… 大さじ2
- にんにく … 1片 ►みじん切り
- 赤唐辛子 … 1本 ►ちぎる
- 発酵トマト（汁ごと ➡P119）… 大さじ3
- ローリエ … 1枚 ►ちぎる
- 白ワイン … ¼カップ
- オリーブ油 … 大さじ3

パプリカ（赤・黄）… 各¼個
► 1cm幅のくし形切り

ピーマン … 1個 ► 1cm幅のくし形切り

作り方

1 ポリ袋にAを入れて混ぜ、まぐろを加えてもみ込む。

もみもみ

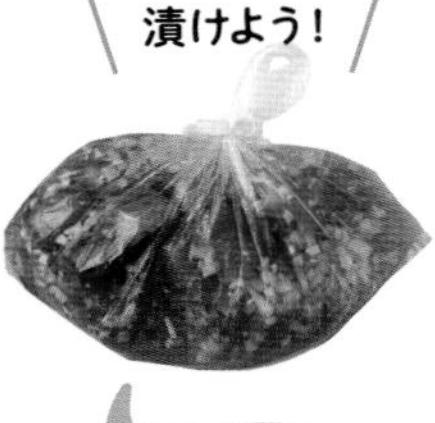

2 鍋に1を入れ、パプリカ、ピーマンを加え、弱めの中火で15分ほど煮る。

まぐろは食べきれなかった刺身の残りやお買い得の切り落としなど、高価なものでなくていいですよ。

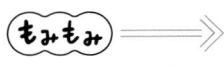

発酵レモン
のおかず

いわしとじゃがいもの
レモンタジン

いわしのおいしさを発酵レモンが引き立てる相性抜群の組み合わせです。タジンはモロッコなどで使われている土鍋のことで、その料理も指します。

材料（2人分）

いわし（三枚おろし）… 3尾分
A｜発酵レモン（➡P119）… 大さじ3
　｜黒粒こしょう … 10粒
じゃがいも … 2個 ► 5㎜幅に切る
玉ねぎ … ¼個 ► 薄切り
ピーマン … 1個 ► 5㎜幅の輪切り
オリーブ油 … 大さじ2
水 … ½カップ
オリーブの実（緑・水煮）… 8個
ディル … 適量 ► 葉を刻む

作り方

1 ポリ袋にいわし、Aを入れ、もみ込む。

もみもみ

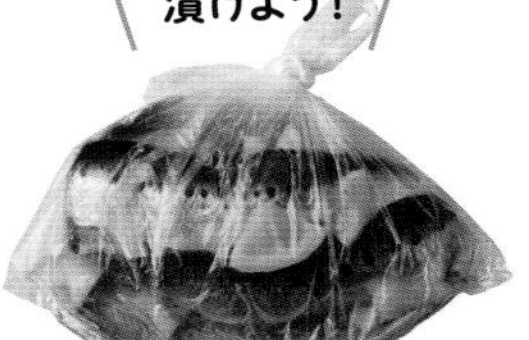

2 鍋にオリーブ油を入れ、じゃがいも、玉ねぎ、1、ピーマンの順に重ね、分量の水を加える。オリーブの実を散らし、ふたをして15分ほど弱めの中火で煮る。ディルを散らす。

発酵レモンに漬けることで、いわしの臭みもやわらぎます。

豚肉のレモンクリーム煮

レモンとセロリの爽快感とクリームの濃厚さのバランスが絶妙です。

材料（2人分）

豚肩ロース厚切り肉
（とんかつ用）… 2枚（200g）

A
- 発酵レモン（➡P119）… 大さじ2
- こしょう … 少々

セロリ … ½本
► 5cm長さの薄切り。葉はざく切り

オリーブ油 … 大さじ1
生クリーム … ½カップ

作り方

1 ポリ袋に豚肉、A を入れ、もみ込む。

もみもみ

2 フライパンにオリーブ油を中火で熱し、1 を両面に焼き色がつくまで焼く。セロリ、生クリームを加え、とろみがつくまで煮る。

レモンと生クリームが合わさって、サワークリームのような味わいになります。

たこのセビーチェ

ペルー発祥のセビーチェは、ポリ袋に入れてなじませるだけで完成！

材料（2人分）

ゆでたこ … 100g ▶ そぎ切り
A
- 紫玉ねぎ … ¼個 ▶ 薄切り
- パクチー … 1枝 ▶ ざく切り
- 発酵レモン（➡P119） … 大さじ1

じゃがいも … 1個
粉唐辛子 … 少々

作り方

1 ポリ袋にたこ、Aを入れてもみ込む。

もみもみ

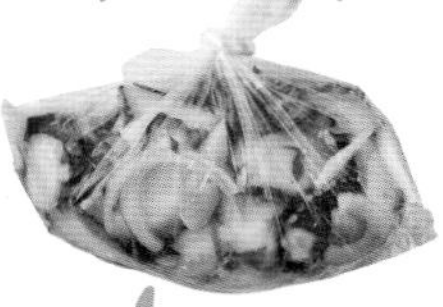

2 別のポリ袋にじゃがいもを入れ、電子レンジで4分加熱する。あら熱がとれたら、1cm幅に切る。

3 器に2を敷いて1を盛り、粉唐辛子をふる。

1時間漬けよう！

パクチーもいっしょに混ぜると風味がつきます。

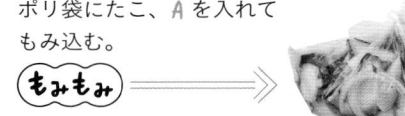

発酵唐辛子のおかず

ヤムウンセン

甘酸っぱくて辛いおなじみのベトナム料理。辛さも甘さも控えめの仕上がりで、もりもり食べられます。

材料 (2人分)

えび … 8尾
きくらげ (乾燥) … 3g
春雨 (乾燥) … 50g
紫玉ねぎ … ¼個 ▶ 薄切り
きゅうり … ½本 ▶ せん切り
パクチー … 2枚 ▶ 1cm幅に切る

たれ

| A | 干しえび … 大さじ1 ▶ 粗みじん切り
| | 水 … ¼カップ
| にんにく … 1片 ▶ みじん切り
| 発酵唐辛子 (➡ P119) … 大さじ1½
| 甘酒 … 大さじ1
| レモン汁 … 大さじ3

作り方

1 えびは殻をむいて背わたを取り、塩少々 (分量外) をまぶす。きくらげは水で戻し、細切りにする。

2 鍋に湯を沸かし、えびをゆでて取り出す。続けてきくらげをさっとゆでて取り出し、最後に春雨をさっとゆでてざるにあげる。

3 ポリ袋にAを入れて干しえびを戻し、残りのたれの材料を加えて混ぜる。

4 2、紫玉ねぎ、きゅうり、パクチー (飾り用に少し残す) を加え、もみ込む。

もみもみ ⟹

5 器に盛り、パクチーをのせる。

干しえびの戻し汁もたれに使うことでうまみをプラス。甘みは甘酒を使って発酵力を増強させましたが、なければ砂糖でも。

30分
漬けよう！

PART 3 もっと楽しむ発酵レシピ

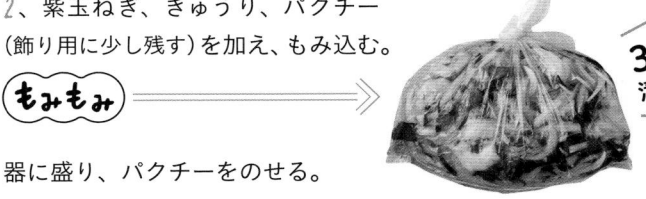

ラム肉とほうれん草のサブジ

インドの野菜のスパイス炒め蒸し煮。本格的な味が身近な材料で作れます。

材料（2人分）

ラム肉（焼き肉用）…200g
　►ひと口大に切る

A
- 玉ねぎ…¼個 ►みじん切り
- トマトの水煮（缶詰・カットタイプ）…¼カップ
- にんにく、しょうが…各1片 ►みじん切り
- 発酵唐辛子（➡P119）…大さじ½〜1
- ローリエ…1枚 ►ちぎる
- カレー粉…大さじ½

ほうれん草…1束 ►ゆでて2cm長さに切る
油…大さじ3

作り方

1 ポリ袋にラム肉、Aを入れてもみ込む。

もみもみ

2 フライパンに油を中火で熱し、1、ほうれん草を炒め、ふたをして12〜13分蒸し煮にする。

本来はスパイスを複数使いますが、ここではカレー粉だけ。手軽に作ってくださいね。

いんげんと干しえびの唐辛子炒め

ピリリと辛く、クセになる味。ごはんのおかずにもぴったりです。

材料（2人分）

さやいんげん … 150g
▶ 3等分に切る

A
- 干しえび … 大さじ2
  ▶ 粗みじん切り
- にんにく、しょうが … 各1片
  ▶ みじん切り
- 発酵唐辛子（➡P119）
  … 大さじ½〜1
- 塩麹 … 大さじ1

長ねぎ … 4cm ▶ みじん切り
油 … 大さじ1

作り方

1 ポリ袋にいんげん、Aを入れてもみ込む。

もみもみ

30分
漬けよう！

2 フライパンに油を中火で熱し、1を7〜8分炒める。器に盛り、長ねぎをのせる。

味つけは漬けるときに入れた塩麹だけ。こんなふうにピリ辛の炒めものに使うのもおすすめです。

発酵にんにく

のおかず

バターチキンカレー

クリーミーで濃厚な、日本で人気のインド料理のひとつです。再現しやすいように材料を厳選し、手軽に作れるように作り方も吟味しました。

材料（2人分）

鶏もも肉 … 1枚 ▶ ひと口大に切る

A
- トマトの水煮（缶詰・カットタイプ） … 1カップ
- 玉ねぎ … $\frac{1}{4}$個 ▶ すりおろす
- しょうが … 1片 ▶ すりおろす
- プレーンヨーグルト … 大さじ3
- 発酵にんにく（➡P119） … 大さじ$\frac{1}{2}$〜1
- カレー粉 … 大さじ1
- ローリエ … 1枚 ▶ ちぎる

バター … 30g
水 … 1カップ
生クリーム … 1カップ
ごはん … 適量
パクチー … 適量 ▶ ざく切り
カレー粉 … 適量

作り方

1 ポリ袋にAを入れてもみ混ぜ、鶏肉を加えてもみ込む。

もみもみ

30分
漬けよう！

2 フライパンにバターを中火で熱して1を入れ、表面に焼き色がつくまで焼き、取り出す。

3 2の袋に分量の水を入れ、袋についているマリネ液をフライパンに移す。2の鶏肉を戻し入れ、生クリームを加え、弱めの中火で15分ほど煮る。

4 器にごはんを盛って3をかけ、パクチーを添え、カレー粉をふる。

もともとはタンドール窯で焼いたタンドリーチキンが余ったときのリメイク料理。ですから、ここでこんがり焼いてうまみを出しましょう。

きゅうりときくらげのにんにくあえ

カリカリ、コリコリ食感に、にんにくの風味が加わって、あと引く味。

材料（2人分）

きゅうり … 2本
きくらげ（乾燥）… 3g
A
- 発酵にんにく（➡P119）… 大さじ1
- 酢 … 小さじ1
- ごま油 … 小さじ1

作り方

1 きゅうりはめん棒でたたき、大きめのひと口大に割る。きくらげは水で戻し、ひと口大に切る。

2 ポリ袋に1、Aを入れ、もみ込む。

もみもみ

きゅうりをたたき割ると断面に味がからみます。

30分 漬けよう！

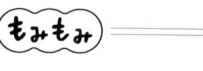

簡単キムチ

材料も作り方も手軽な画期的レシピ。味の変化も楽しみましょう。

材料（作りやすい分量）

白菜 … 500g
　► 4cm長さのざく切り
塩 … 大さじ1
A
にんじん … 20g ► せん切り
大根 … 50g ► せん切り
にら … 3本 ► 4cm長さに切る
長ねぎ … 8cm ► せん切り
しょうが … 1片 ► せん切り
発酵にんにく（➡P119）
　… 大さじ1
干しえび … 大さじ1 ► 粗みじん切り
粗びき唐辛子、パプリカパウダー
　… 各大さじ1
塩麹 … 大さじ2
酢 … 大さじ½

作り方

1 ポリ袋に白菜、塩を入れてもみ込み、30分ほどおく。

2 別のポリ袋にAを入れてもみ込む。

3 1の水分をしっかりしぼり、2に加えてもみ混ぜる。冷蔵庫で2週間ほど保存可能。

もみもみ

これを薬念《ヤンニョム》といいます。色づけのためのパプリカパウダーは、なければ省いても。

室温で1日漬けよう！

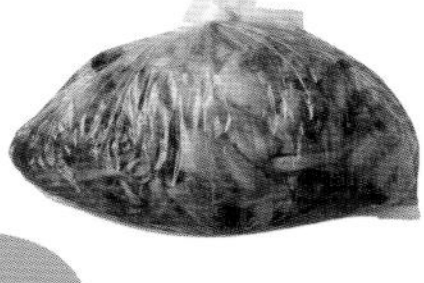

作りたてはあっさりなのでサラダ感覚で。酸味が出てきたら炒めものや鍋にどうぞ。

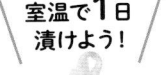

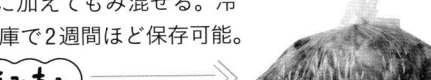

食材&発酵調味料別INDEX

肉

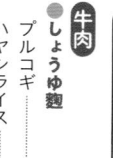

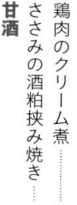

魚介

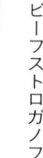

荻野恭子（おぎのきょうこ）

料理研究家。栄養士。料理教室「サロン・ド・キュイジーヌ」主宰。これまでに訪れた国は65か国以上。各国で賞味してきた料理・お菓子の調理法や味をレシピに生かしている。ポリ袋を使った手軽で簡単な調理法を早くから提唱。また、発酵調味料など体にいいものを使うシンプルな味つけが得意。雑誌や書籍、テレビ、講演会などで幅広く活躍し、著書は『おうちでできる世界のおそうざい』（河出書房新社）、『手づくり調味料のある暮らし』（暮しの手帖社）、『ポリ袋漬けのすすめ』（文化出版局）など多数。

参考文献
『うかたま　2021 vol.64』（農文協）
『新しい腸の教科書　健康なカラダは、すべて腸から始まる』（池田書店）

スタッフ

調理アシスタント	小林リサ
撮影	鈴木泰介
スタイリング	久保原惠理
デザイン	若井夏澄（tri）
イラスト	日比野尚子
DTP	有限会社天龍社
校正	株式会社ぷれす
編集	荒巻洋子

ポリ袋で簡単！
もみもみ発酵レシピ

著　者	荻野恭子
発行者	池田士文
印刷所	日経印刷株式会社
製本所	日経印刷株式会社
発行所	株式会社池田書店
	〒162-0851
	東京都新宿区弁天町 43 番地
	電話 03-3267-6821 （代）
	FAX 03-3235-6672

落丁・乱丁はお取り替えいたします。
©Ogino Kyoko 2023, Printed in Japan
ISBN978-4-262-13088-0

［本書内容に関するお問い合わせ］
書名、該当ページを明記の上、郵送、FAX、または当社ホームページお問い合わせフォームからお送りください。なお回答にはお時間がかかる場合がございます。電話によるお問い合わせはお受けしておりません。また本書内容以外のご質問などにもお答えできませんので、あらかじめご了承ください。本書のご感想についても、当社HPフォームよりお寄せください。
［お問い合わせ・ご感想フォーム］
当社ホームページから
https://www.ikedashoten.co.jp/

23000009